[1]

Dulcinea lebt,
Herr Quijote

Gedichte

zur
XXI. Cita de la Poesia
vom 31.05. bis 04.06 2017 in Berlin

und

Was wir zu sagen haben
Lo que tenemos que decir

Teil 2
Ergänzungen und Korrekturen

zur
XX. Cita de la Poesia   2016   in Berlin

Dulcinea lebt, Herr Quijote
und
Was wir zu sagen haben, Teil2

Zwei Anthologien in einem Band
zusammengestellt und herausgegeben
für die XXI. Cita de la Poesia – eine Dichterbegegnung
Lateinamerika – Spanien – Deutschland
vom 30.05. bis 04.06.2017 in Berlin
von

Jürgen Polinske

© 2017
Herstellung und Verlag: BoD – Books on Demand, Norderstedt

ISBN: 9783743197220

FSC
www.fsc.org
MIX
Papier aus ver-
antwortungsvollen
Quellen
Paper from
responsible sources
FSC® C105338

XXI. Cita de la Poesía 2017
Berlin-Latinoamérica
31.05. - 04.06 - 2017
Dulcinea ama a Don Quijote
Exposiciones, Lecturas, Seminarios

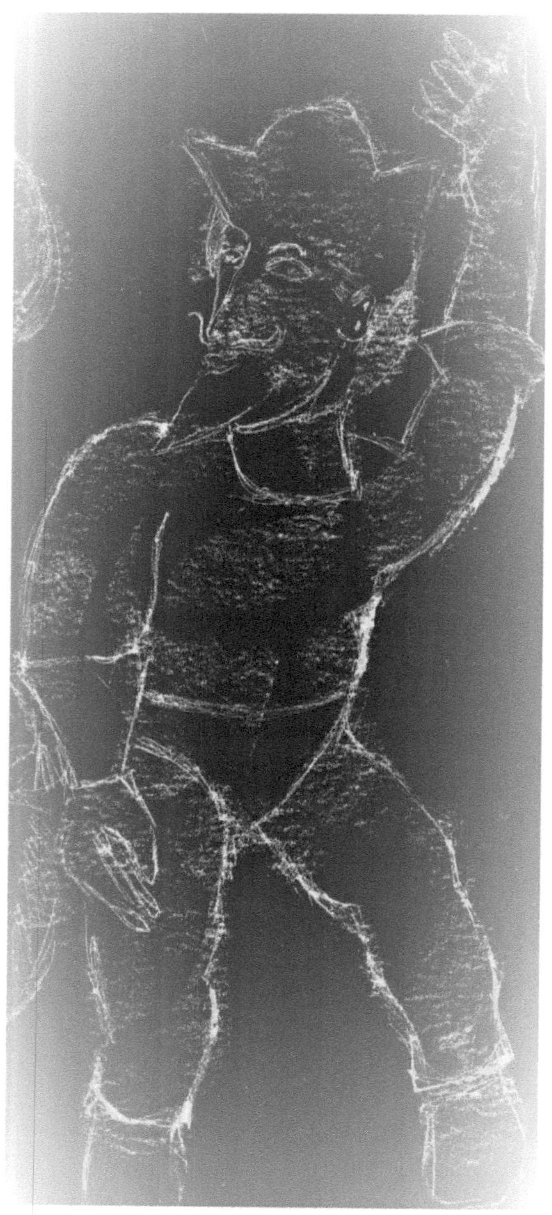

[6]

Dorothee Arndt

Rostock,
Köpenicker Lyrikseminar/Lesebühne der Kulturen

Gedichte zum 100. Geburtstag

von Johannes Bobrowski

schattenlese

I
schatten streuen
müdigkeit
ins wehrlose lid
dunkles heller
verstehen
mit offenen augen

II
zugvögel sammeln
abschied ein
schreien über der
verstummten sonnenuhr
früh fällt schwarz
in deine zeilen
abgebrochene zelte
deiner verse
eingerollte nacht
tief in gerefften segeln -
treibt geborgtes land
an uns vorüber

was kinder sich wünschen zur nacht
räume die uns trennen
räume des gesagten
aus dem toten winkel nehmen
im öffnen einer
zugeschlagenen seite
bleibt uns die nähe
deiner angelehnten tür

»...da hab ich den Pirol geliebt.«

(Zeile aus einem Gedicht über die Kindheit von J. Bobrowski)

dass ein singen bleibt
wer stimmt uns
wie ein instrument
bis wir ankommen
im fliessenden licht
der schwingenden luft
in der maserung
gespannten holzes
hineinwachsen
in die unbeschwerte
frequenz eines tons
für einen vogel
der sein federpolster baut
dass uns sein singen bleibt

bobrowskis alte bücher
und sein clavichord
rindsleder,
geborgte haut
an meiner seite,
gegerbte stille
verebbter lärm
wo sind die stimmen
die jetzt schweigen
die uns trennen,
von rätselhaften zeichen
weit entfernter sonnen

verstummt die stimme
deines clavichords
auf dem die hände
wie auf einem
zebrastreifen
spazieren gingen

annäherung

I
kühles, metallenes gedenken
spät erinnert es
an deine bleibe in diesem haus
blutleerer wind
in blattloser lichtung
ahornallee im april

II
wie nah bin ich dir
da ich unvermittelt du sage
im vertrauen,
das aus leisem kommt
in deine vorbehaltlose
stille hinein

jemand singt
ein weites rufen
alles verkleinert sich
am horizont
im mond meiner
fernen füße
deines fernen
gesichts
jemand singt
nimmt worte
aus dem
zerriebenen
flugsand

[14]

Antonio Arroyo Silva

Gran Canaria

DULCINEA

Habrá una barra de carmín, una atadura al cielo
un toque de cernícalo, algo de vinagre macho en el pelo
para las devociones nocturnas,
un subidón de azúcar en las venas del oro
de los intelectuales.

Habrá una casa, un caserío, un orificio
amarillo de queso gruyere para el gusano,
un ratoncito Pérez por si se tercia o
se le caen los dientes a una nube inusual.

Tengo un óbolo, un huevo de avestruz
para cruzar el río.
Nada habrá para mí del reparto
un puntapié de luz en el trasero
y un rayito de sol para que la mentira
se desnuque este invierno.

Daniela Bartolomé Moro

Bilbao, Bizkaia, País Vasco

AMO TU SUEÑO RICO, ALONSO

Dulcinea no desea dormir.
Quiere tener los luceros manchegos sobre su frente,
los molinos sobre su falda de Holanda

la Osa Mayor acurrucada a sus pies para danzar sin parar
un vals, un frenético
vals donde morir...
Alonso quiere dormir sobre los luceros,

traspasando la falda de Holanda, molinero
que sobre la muela apostarás el tálamo nupcial.
Molienda germinal.
Dos, engarzados en única joya, por los siglos
de los siglos
...del tiempo.

Una brecha de constante corriente

que mantiene las miradas hacia adentro, los besos

en artesa al reposo del brezo y el algodón.
En el flaco jamelgo enjaezado, la cintura y la adarga

(-fálico tótem-) se arrellanan
por el claro sendero de los campos
del toro Hispania.

María Pilar Cavero Montori

Spanien

EL ÚLTIMO RACIMO

Con el sol en su ocaso, Aldonza

cortó el último racimo de la viña.

Un racimo grande y alargado de uvas

prietas, dulces, suaves y doradas,

que llamaban airén, lairén o Valdepeñeras.

Lo guardó con mimo en cestillo de mimbre

y lo cubrió con fino pañuelico de Almagro.

Al llegar la mañana de ese otoño benigno,

vestida con sus mejores galas,

partió del Toboso a Argamasilla

por un camino estrecho y polvoriento

entre el verde latir de los viñedos,

para ofrecer las uvas a su amado,

el famoso hidalgo Don Alonso Quijano.

El caballero, sanado ya de la locura

que le hizo ser Don Quijote de la Mancha,

esperaba a la muerte en su aposento,

penando por la ausencia de su dama.

Aldonza penetró en la encalada alcoba

y se acercó amorosa hasta su lecho

para ofrendarle las uvas, tras acariciarlas.

Despertó del sopor el viejo aventurero,

y vio que allí estaba la hermosa Dulcinea,

renacida del caparazón de Aldonza, la labriega.

Besó las manos de su enamorada,

que en sus palmas le servía el racimo,

y con su dulzura se durmió de nuevo.

Las lágrimas de ella humedecieron sus mejillas.

[19]

Wilfredo Dorador

Chile

Dulcinea ama a Don Quijote.

La Poesía habló y dijo:
-¡Quién me hizo vivir me dio vida para siempre!
Ahora soy la Sinfonía en Sol Mayor que cantan las
constelaciones.
Mi alimento predilecto es el amor.
Cada mujer u hombres poetas... ¡crean en mi nombre!
Se arriman con sus versos que son como hijos nuevos.
Como el firmamento de los enamorados plenos de
bondad y de ternura:
¡La familia es el Poema que hemos de crear amándonos!
La familia del Pueblo puro que se restituye como la
naturaleza en la vida-.
**Por eso mi Dulcinea es real tiene nombre de luna
cotidiana;
viva luz en las batallas; rebelión de las ideas.
Ella, Sol del amanecer, es la flor del cactus que vence
los desiertos.
Su piel es la faz de todas las razas;
en su alma renacen los anhelos humanos:
Es la sinfonía del universo que como la Libertad
invoca a la vida.
Es lluvia del atardecer que canta en mi conciencia.
Es la noche del amor, intimidad de las estrellas.**
Se han heredado todos los quijotes que luchan por la
nueva humanidad.
¡Y todas las Dulcineas que son guerreras verdaderas, en
este tiempo
de terror, devastaciones y etnocidios avanzan invencibles
hacia la Primavera definitiva del Amor y de la Vida!

Rosel Ebert

Berlin, Friedrichshagener Vers-Werkstatt –
„Poeten vom Müggelsee"

DULCINEA

Du gleichst
dem Sommertag
 – strahlende Schönheit –
der die Sinne weckt
und das Herz
erwärmt.

Du begegnest mir
in der Welt meiner Träume
– schlafender Engel –
auf dem verschlungenen Pfad
jenseits
der Wirklichkeit.

Du bist
die Fata Morgana
– Schicksalsgöttin –
am Horizont
eines goldenen Meeres
aus Sand.

Ich sehe Dich
im Spiegel meiner Seele
Durch Poesie
dieser Verse
wirst Du
lebendig:

 – DULCINEA –

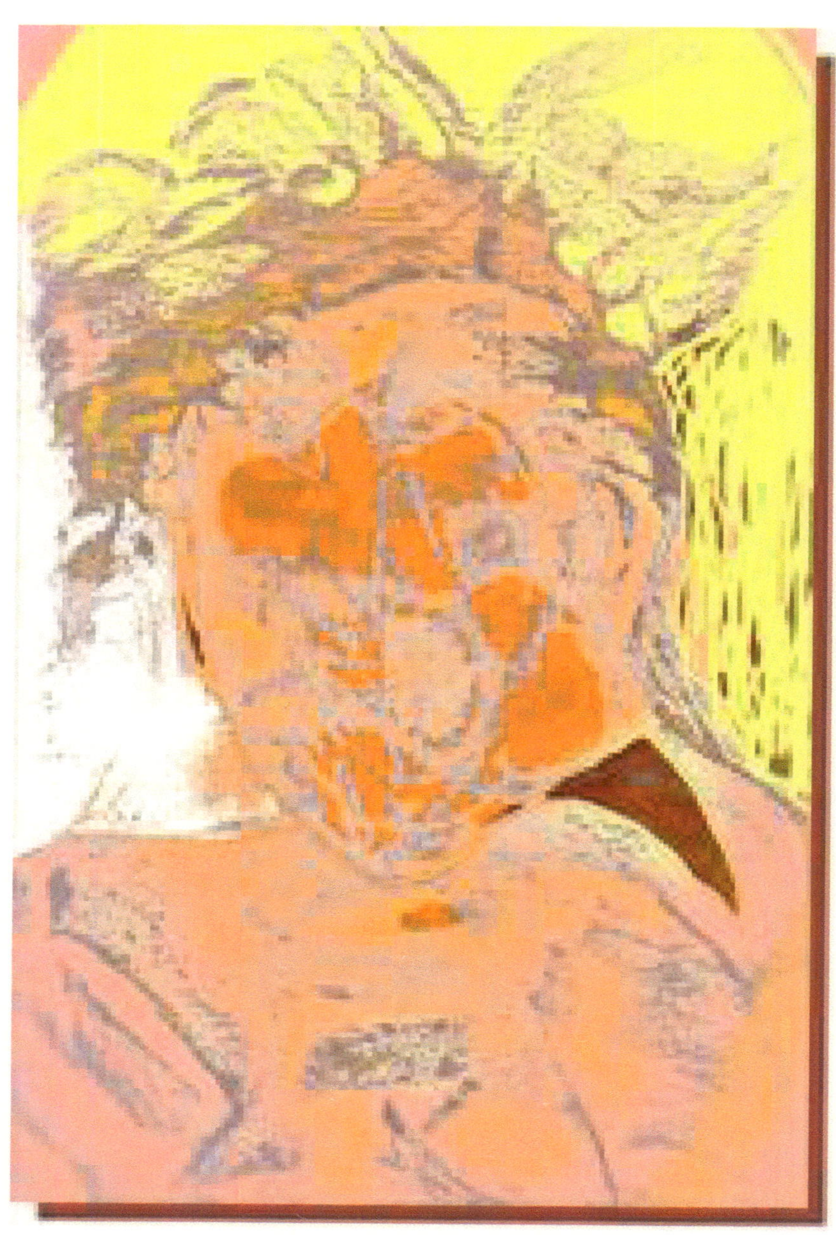

[22]

York Freitag

Berlin
Köpenicker Lyrikseminar/Lesebühne der Kulturen

Don Quijote

I

an deine Verzagtheit
lehne ich
mein Fragen: wer so namenlos
über uns kommt
unter einem Sinken
ohne Gewölk

nicht du
der es
nur hinruft:
im Zweifel gefochten

jenseits der Grenze
die der Spiegel baut
und hier mein
Spiel mit Stille
mit uns: geworfene
Schatten

du fragst nicht
wer führt
aus der geliehenen Zeit
ich höre
deinen Ritt hin
und wieder
das Echo entlang trage ich
deine Geburt

Fronten die durch mich verlaufen

du aber
findest dort schon
zu dir

II

wie er
suchen wir
auch das Wirkliche
nur zu ertragen

diese Weise
die wiederzeugt:
geduldetes Auge
verwehrte
Hand

kaum dass er noch
lahmte
schwer von Mut

im ergreifenden Wind

III

bisweilen
einer
der dem Dasein
gegen das Kreisen
den wuchernden Flügeln
schon entwächst

dieses geraume
Verlangen nach
Höhe:
da der Rechten
die Lanze
ent-
glitt

ich will glauben
sie brach
noch im
Fallen

für den geflügelten
Gast einer Zeit

Don Quijote[1]

I

A tu desaliento
apoyo mi pregunta: quien sin nombre
viene sobre nosostros
bajo una caída
sin nubes

no eres tú
quien
solamente llama
luchado en la duda

al otro lado de la frontera
que el espejo forma
y aquí
mi juego con la calma
con nosotros: sombras caídas

tú no preguntas
quien conduce
afuera del tiempo prestado
yo oigo
tu carrera por todos lados
y el eco a lo largo lo llevo
desde tu nacimiento

Frentes que pasan por mí.

pero tú
encuentras
justamente lo tuyo.

---

[1] Übersetzung: Josè Pablo Quevedo

II

Como él
intentamos
soportar también lo real

de esta manera
la recomposición:
hacer la vista gorda
mano
prohibida

casi ya no
cojeaba
penoso de valentía

en el viento tormentoso

III

a veces
uno
que tiene sus propias alas
en la existencia
contra el circular
de las aspas crecientes

este gran deseo
de alcanzar la altura
porque la mano derecha
perdió
la lanza

Yo deseo creer
que ella se quebró
todavía cayéndose

para el huésped
alado de un tiempo

[29]

Pili Gil-Roldan Trujillo

Spanien

Dulcinea y su amado Quijote

Caballero de libro
y triste figura,
vives a tu albedrío.
Un amor llevas contigo,
una bella dama,
que dulce y honesta es,
Dulcinea, la llamas.

De aventuras, te la llevas,
la defiendes a espadas,
de esos mercaderes
cuando no le ven el alma,
a tu Emperatriz amada.

Mujer de tus pensamientos,
la que corre por tus venas,
y cuida de amor tus penas,
que ni hueles, ni tocas,
la abrazas con sentimiento,
dando fe de tu existencia.

Dulcinea, te acompaña
con tu viejo Rocinante,
caballo fiel del amante.

Cuando en destino la dejas,
mandas a tu mensajero Sancho,
llevándose en su memoria,
el dictado de tu amor,
con la espera por respuesta,
de tu Emperatriz amada.

Y la amada te responde,
que ella, parte de nuevo,
a la sangre de tus venas,
el vivir de un caballero.

Caballero andante,
de triste figura.

Que si no voy, te secas,
si te secas,
ni tu sombra, te acompaña,
las hojas, ya no crecen,
entonces,
mi amado muere
y con él, muero yo.
Dulcinea, que te quiere

3 de marzo de 2017

[32]

Ulrich Grasnick

Zwei Stimmen

Ich habe die ruhigen Nächte
deiner geschlossenen Augen
und die Sommer
deiner offenen Blicke
gesehen.

Meine Verse,
Gedanken,
die dir entgegenreisen,
die Züge, Flugzeuge und Schiffe
in Bewegung setzen,
Gedanken,
in Briefen verborgen,
von Hitze und Frost
unversehrt.
Sie überqueren die Jahreszeiten
der Kontinente.

Wir waren zwei Stimmen,
weit voneinander entfernt,
aber verwandt
wie Farben verschiedener
Wälder des Frühjahrs,
wie Laub- und Nadelwald,
Kirschbaum und Apfelbaum.

So tauschten wir
die eigenartigen Früchte
unserer Gewohnheiten,
indessen unsere Erfahrungen
Klänge waren,
die sich berührten,
die zerspringen ließen
das gleiche Glas.

María Gutiérrez (Puri)
Teneriffa

Canción para *Dulcineas* del Tercer Milenio

Contra el viento y las aspas enredadoras
buscando el camino
anduvo centurias luchando sin matar
tanteando a veces otras en carrera arrancándose
ciega Dulcinea buscando
buscando
busca busca busca
reparte amores te parte el alma
repatina a fuerza de pasión
con trancos marciales
a trompicones te deja
con Don Quijote mañana
quizá con Sancho
sola te deja
perdida en las ventas del camino
caídas las comisuras taciturnas
ciega siempre
busca avanza empuja
y no te grito detente un momento mira
que no te enreden las palabras ni el viento en las aspas
no te digo Dulcinea párate que no te confundan
mira hacia adentro
qué estás
siente Dulcinea

[36]

Brunhild Hauschild

Berlin
Köpenicker Lyrikseminar/Lesebühne der Kulturen

Vater des Don

Steuereintreiber, Abenteurer,
Ritter, Gefangener,
Sklave -

Damals wurde bewusst,
was dir Traum
und was Wirklichkeit ist:
Wahnsinn,
als Narr nur zu ertragen
Deine Dulcinea
deutlich im Spiegel
neben dir

Damals schon gabs
keine edlen Ritter mehr
Da musstest du
den Edlen erfinden

[38]

Olivier Herrera

Spanien

CON DULCINEA, BECQUER Y SARTRE

Estoy cansado y harto de cuentos y de historias,
De amores mezquinos, de amores insolidarios.
Cansado y harto de las fidelidades prostituidas.
De las fieles esposas que lo son, y son tan sólo
Las serviles servidoras y putas de sus maridos.

Me quedo con la Dulcinea amando a El Quijote,
Con Espronceda y Bécquer amando a la más bella.
Me quedo con las Soledades de Antonio Machado,
Con Maïakovski, Ana Karina y Alexandra Kollontay,
Con Miguel Hernández, Camus, Beauvoir y Sartre.

AMAR, ES AMAR EL AMOR Y LA LIBERTAD

El Quijote se quedó sentado pensativo y solo,
Como un mochuelo sobre una piedra blanca
Al borde del camino polvoriento y sin retorno.
Se quedó con la mirada perdida en el vacío
Mientras se sujetaba la cabeza con las manos
Para que no le estallase la olla por la presión.

Poeta e hidalgo pobre enamorado del amor
Patético caballero de la triste figura, sin lanza,
Con la espada rota, sin Rocinante ni Dulcinea.
Poeta amante de la luna y de las estrellas
Nunca pensó que el sol le quemaría las alas,
Pobre besugo enamorado y fuera del agua.

Qué fue onda y ola cabalgando en el azul
Qué fue al encuentro de su amada moza
Desafiando a dios y a los molinos de viento
Para darle con su aliento la voz de la tierra.
El amor de Dulcinea hizo libre a El Quijote,
Y mata el miedo a amar el amor y la libertad

[41]

Henry-Martin Klemt

Frankfurt/Oder
Friedrichshainer Autorenkreis

QUIJOTE-LIED
Für Ludwig, Sabine, Gunter und Wolfram

Die, die sich am meisten fürchten
und die keine Angst mehr haben
werden diesen kalten Sommer
eines Tags zu Grabe tragen.

Und im November bricht der Frühling an.
Und durch den Nebel sehn wir wieder klar.
Und wollen's nicht und wissen doch genau:
Der nächste Sommer wird nicht himmelblau.
Der wird, wie hier fast jeder Sommer war.

Einen Baum vertrocknen sehn,
und ein Haus verbrennen,
einen Sohn zugrunde gehn,
um dann wieder aufzustehn:
pflanzen, bauen, zeugen.

Die, die bald im Zorn verbrennen
und die in der Liebe frieren
kommen wieder zueinander,
um sich nie mehr zu verlieren.

Die, die alles prophezeihen
und die längst schon nichts mehr wissen,
teilen ihre alten Träume,
so als wär's der letzte Bissen.

Und im November bricht der Frühling an.
Und durch den Nebel sehn wir wieder klar.
Und wollen's nicht und wissen doch genau:
Der nächste Sommer wird nicht himmelblau.
Der wird, wie hier fast jeder Sommer war.

Einen Baum vertrocknen sehn,
und ein Haus verbrennen,
einen Sohn zugrunde gehn,
um dann wieder aufzustehn:
pflanzen, bauen, zeugen.

Die, die sich bald krümmen werden
und die bald zusammenbrechen,
bleiben, wie sie aufrecht gehen,
als ein ewiges Versprechen.

Und im November bricht der Frühling an.
Und durch den Nebel sehn wir wieder klar.
Und wollen's nicht und wissen doch genau:
Der nächste Sommer wird nicht himmelblau.
Der wird, wie hier fast jeder Sommer war.

Einen Baum vertrocknen sehn,
und ein Haus verbrennen,
einen Sohn zugrunde gehn,
um dann wieder aufzustehn:
pflanzen, bauen, zeugen.

Doch im November bricht der Frühling an.
Und durch den Nebel sehn wir wieder klar...

V/96

Volker Krastel

Berlin, Friedrichshagener Vers-Werkstatt –
„Poeten vom Müggelsee"

Don Quijote und Dulcinea

Er galt, nun ja, so war das damals halt,
als Ritter von der traurigen Gestalt!
und hatte nichts Anderes im Sinne,
als treu zu dienen seiner Minne.

Es ist bekannt. In seinem Herzen war
nur Dulcinea, schön und unnahbar.

Sie war die Schönste aller Schönen.
Nur sie allein wollt er verwöhnen.

Doch da er ja schon älter war,
gebrechlich und mit grauem Haar,
wie ihn jeder schnell erkannte
an seinem Pferd, der Rosinante
scheut er persönlich den Kontakt.
So blieb die Liebe sehr abstrakt.

Die Sehnsucht hielt sein Herz gefangen
und er verging fast vor Verlangen.
Dazu kam Spaniens Hitze,
trocken jede Zungenspitze,
und da es nichts zu trinken gab,
machten seine Sinne schlapp.

Er schrieb ihr ständig Liebesbriefe,
dass er vor Sehnsucht nicht mehr schliefe;
wie er bewundre ihren Geist,
und dass er ihre Anmut preist.
In ihm brannten die Gefühle,
dabei sehnt er sich nach Kühle

Die Nachwelt steht nun da betroffen
und enttäuscht des Ritters hoffen.
Der Abenteuer große Zahlen
schafften ihm stets neue Qualen.
Trotz seiner heißen Liebe Flammen
kamen die Beiden nie zusammen.

[46]

Dulcinea

Voll Ebenmaß und edler Gestalt
wie Musik ihrer Stimme Klang.
Ihr Auge Licht im dunklen Wald
und trauert sie, wird meiner Seele bang.

Geht fort, ich werd` sie nie vergessen.
dies Wesen voller Zärtlichkeit.
Ihr Bild hat sich tief in mir eingefressen
bleibt bis in alle Ewigkeit.

Nie wird meine Liebe sie erreichen.
So ein überirdisch´ Wunderwesen
Die Engel alle woll´n ihr gleichen
Doch keiner kann in ihrer Seele lesen.

Felipe Gértrudix Lara (Felipe Lara)

Spanien

> Martin Luther King, decía:
> "No empujes al hombre tan abajo
> que provoque tu desprecio".
> Yo digo: dale amor, dale la mano
> y trátale con cariño, ¡es tu hermano!

MARTÍN LUTHER KING

"poema" letra y voz Felipe Gértrudix Lara

¡Ay Harlem!, ¡ay, Harlem!
Dijo Lorca al presenciar la América impune,
acaparadora del bien de las mentes humanas.
Y soy yo, quien digo y pregunto:
¿No es el yanqui, el extraño?...
¿No son ellos,
los que en otra época buscaban comida
y un trozo de suelo donde posar su cuerpo,
roto de vagar por la ambición del hombre libre?.
Entonces, ¿qué queréis?,
forzar más el hilo tenso
de vuestro mundo equivocado,
viciado, vano e impuesto,
que año tras año
ha ido extendiendo sus sucias garras
sobre los hombres justos.
Yo, cuando a mi garganta sube la pena,
ahogando el sollozo del corazón,
herido mortal de mi firme idealismo,
solo encuentro estas palabras:

Es rebeldía pura mi corazón,
que sangra muerte tierna
por el profeta Luther King;
cuando en la hora gris,
el hombre blanco, de alma sucia,
puso bala de muerte en su garganta.

Ahora paso a otro asunto,
sin dar más explicaciones;
se lo dedico a un presunto,
invasor de mil naciones.

DONALD TRUMP "EL PIOJO RUBIO"
"alegrías" letra y voz Felipe Gértrudix Lara

Ay, Donald Trump, tran, tran,
ay, Donald Trump, truan,
ay, Donald Trump, tran, tran,
¿tu capital de dónde vendrá?.
Ay, Donald Trump, tran, tran, tran,
ay, Donald Trump, truan,
ay, Donald Trump, tran, treiro,
¿tu capital de dónde vendrá?.
Donald Trump es un guerrero,
que quiere al mundo asobacar.
Donald Trum es un guerrero,
para ampliar su capital
a costa de los obreros.
Para ampliar su capital
a costa de los obreros.
A la mierda se vaya,
ese zurullo,
y se pierda en el fango
el piojo rubio.
El piojo rubio, mare
el piojo rubio:
tiene guasa y "malaje",
¡vaya capullo!

HEL - Herbert Laschet Toussaint

Berlin
Friedrichshainer Autorenkreis

An der **Siegfriedlinie** grau von moos
kriegt der wind den ersten rippenstoß

Dort am Handorn wo die elster schwört
daß sie römernagelstiefel hört

lebten zwei die kamen überein
trinkt eins bier dann trinkt das andre wein

Sie Pelé   er Caesars sekretär
rockerbraut sie   Rote Hilfe er

Er schrieb epen sie kaum tagebuch
Jamben er   sie mehrbedarfsgesuch

Klo im hof und radio mit ma-
gischem auge das sie beide sah

Einmal fuhr er bis Klein Mexiko
seine wälder rauschten anderswo

Männer fingen sie   sie kam auf drei
nummer eins gab tochter nicht mehr frei

Sie verschwand im Selfkant wie es hieß
er im Urstromtal   für ihn Paris

märz 11

Vergeßt mir nicht den Peter Hacks
den Abra-Bebra-Zebrafax

Er konnte alles: Brechterei
und kinderlied mit melodei

Er kannte katz & mops & maus
auch die von Landsknecht Ladislaus

Der westen hätt 'hn fleischgewölft
Die Zone hat ihm rausgehölft

War bayernwüchsig   kelte gar
anepigonish prämüllar

Klang auch ein wenig rokoko
kein: Gottseidankichbinnichso

Er hat 's ihm nicht beunterschriebt
da ist der Biermann drüümgebliebt

Und war auch die Frau Stein nicht da
tat 's klandestin Amalia

Im haus dem er zu früh entschritt
lebt heut der dichter Olaf Schmidt

30.01.17

[52]

Is ne Dulcineageschichte mit Kratzbaum

Zwei waisenkätzjen fielen
  in eine menschenhand
ein Akte X mirakel
  eine hat er Scully genannt

Mitunter ging er unter
  Doch seinem katzenpaar
dem wärmte er die milch an
  egal wie breit er war

Das zweite klar hieß Moulder
  es starb schon bald darauf
Das hinterbleibchen hielt sich
  in rucksacktiefen auf

*

Den Lenzmann und die Scully
  verchlug es nach Berlin
die katz von Formentera
  der mensch aus Haiderwien

Sie war was klein geraten
  die felis insulae
Er schleppte sie im maule
Sie schnurrte seinen schmäh

Sie waren sterngeschwister
  allein auf dem glacis
Er ritt auf Gaias wundschorf
  auf seiner schulter sie

*

Die katz war taschenengel
  sie führte ihn nach hier
Am Helmholtzplatz befand sie:
  Ay hier bleiben wir

Sie schlief auf Schliemanns tresen
  da blieb schön kühl das fell
da konnte sie bei denken
  in köt- und menschgebell

Empfing sie gäste   tat sich
  der Berg vor ihr hervor
Ein tönchen aber hörte
  nur ein bestimmtes ohr

Es hingen ihm Brangänen
  und hungergeister an
gefroren war der maelstrom
  die katz war Number One

Versuchsstation fürn Weltun-
  tergang   so fing es an
mit Kraus und Brecht und Soyfer
  Die katz war Number One
Besetztes haus gestrandet
  Der Tachelestraum zerrann
Ej horrorclown November
  Die katz war Number One

*

Die Scully ist verschwunden
  Doch seien wir diskret
Ist nicht an uns zu fragen
  wohin der fauchwind weht

Wir sahn geschwänzte schatten
  Ob Bastet sie berief?
Seit damals hält der Lenzmann
  den kopf ein wenig schief

Schlagartig war er nüchtern
  beweist uns: Shakespeare gibt `s
Es enden dunkle jahre
  und in den Highlands piept `s

30.10.16

Traum

Genauso
nach der melodie
TENDER IS THE NIGHT
23.06.16

Dafür bin ich hier
Du kannst mir geben
was du alles hast
Ich bin das leben
Dafür bin ich hier
Ich werde bei dir sein

Dafür bin ich hier
wir könn uns fressen
Viel ist nicht mehr dran
und dann vergessen
Dafür bin ich hier
ich werde bei dir sein

Dafür bin ich hier
ich komm im guten
Laß dir ruhig zeit
zum langsam bluten
Dafür bin ich hier
Ich werde bei dir sein

[57]

Ilse Markgraf

Berlin, Friedrichshagener Vers-Werkstatt –
„Poeten vom Müggelsee"

DULCINEA, IMMER DIE DEINE

Ach Don, ja Don, ich bin noch da!
Warum erkennst du mich denn nicht?
Die Dulce, deine Dulcina!
Auf meine Liebe warst erpicht.

Du schaust dich um nach andern Frau´n
mit Riesen-Flügeln, ungeniert.
Dein Sancho weiß: dem Weib nicht trau´n!
He Vorsicht! Alles operiert!

Oh Don, oh Don, welch eine Zeit!
Wer gibt dir heute eine Chance?
Du Held aus der Vergangenheit
kämpfst nun mit unsichtbarer Lanz´?

Es war das Hornvieh, das einst stört´,
auf das du fielst mit forschem Schritt.
Vom Kampfe warst du arg betört.
Läufst du jetzt mit der Herde mit?

Da hat man auf ein Pferd gesetzt.
Weit überm Teich ist es zu sehn.
Hast du da fleißig mit gehetzt?
Der Gaul hat nur die Haare schön!

Ins Morgenrot mit hohem Sinn
auf Rosinanten voller Gicht!
Ich, in Deinem Herz noch drin?
Denn ach, du siehst mich einfach nicht!

Jürgen Molzen

Berlin, Friedrichshagener Vers-Werkstatt –
„Poeten vom Müggelsee"

ICH DURFTE DICH KENNEN LERNEN . . .

Immer wieder reitet dieser Don Quichotte de la Mancha, Ritter von der traurigen Gestalt, auf seinem Pferd Rosinante aus, um die tollsten Abenteuer (es sind mehr als fünfhundert) zu bestehen. Dabei wird ihm seine maßlose Vorstellungskraft zum Verhängnis. Die Komik der einzelnen Begebenheiten beruht auf den daraus resultierenden platten Alltäglichkeiten, auf die er hereinfällt.
Er, lang und dünn, der Welt gegenüber ein Fremdling!
An seiner Seite sein „treuer Knappe Sancho Pansa". Er, dick, behäbig und bäuerlich schlau. Dieses unzertrennliche Paar zeigt ein Bild des Menschen. Beide sind in jedem einzelnen von uns lebendig:

Der Schwärmer und Phantast Don Quichotte und der rechnende, kluge und nüchterne Alltagsmensch, der Knappe Sancho Pansa. Beide müssen sich, jeder auf seine Weise, ihrer Haut erwehren. In einer Welt voller Hindernisse.
Don Quichotte hält:
ein gewöhnliches Wirtshaus für eine Burg,
einen Wirt für einen Kastellan, der ihm den Ritterschlag gibt, Windmühlen für Riesen, gegen die er mit der Lanza kämpfen muss.

Er kämpft gegen vermeintliche Zauberer, vermeintliche Ungeheuer, eine Schafherde, die ihm als feindliches Heer erscheint . . .

Der Dichter CERVANTES Y SAAVEDRA schrieb seinen ersten Teil des Werkes 1609 und den zweiten Teil 1615! Ein zeitloser der Roman „Don Quichotte".
Der Leser findet den ewigen menschlichen Gehalt. Die Handlungen Don Quichottes entbehren nicht der Komik und zeigen das Scheitern des phantastischen Träumers und seiner erdachten Welt an der Wirklichkeit.
Und ist es denn nicht heute genauso? Könnte man nicht an der Wirklichkeit verzweifeln?
Ich sage ja und trotzdem auch wieder nicht!

Lasst uns träumen! Träume mit Leben zu erfüllen sei unser Ziel. Sie zu erreichen sollte unser aller Ansporn sein. Hier sind der Phantasie keine Grenzen gesetzt!
Wenn DON QUICHOTTE DE LA MANCHA, der RITTER VON DER TRAURIGEN GESTALT, auf dem Totenbett erkennt: „ICH BIN EIN NARR,
JETZT BIN ICH VERNÜNFTIG", sehe ich einen spindeldürren Helden mit der Lanze gegen Riesen kämpfen, mit der Lanze auf seinem Pferd Rosinante.
Welch´ liebenswerte Gestalt.
Dank!
ICH DURFTE DICH KENNEN LERNEN. . .

Petra Namyslo

Berlin
Friedrichshainer Autorenkreis

Doña Quixote

Der Historie erster Teil

Herzeleid

I.

Plaisir d'amour währt nur ein paar Momente,
Chagrin d'amour ein ganzes Leben lang.
Weil ich das weiß, ist mir vorm Lieben bang,
drum wollte ich allein sein bis zur Rente.

Doch ist es bei dem Vorsatz nicht geblieben,
da ich den blonden Märchenprinzen sah.
Er war so stolz und war mir doch so nah,
hab viel verweinte Verse ihm geschrieben.

Er sei der Dulcineo meiner Träume!
Drum widme ich ihm dies Sonettgedicht
und ritze seinen Namen in die Bäume

und liebe ihn, bis mir das Auge bricht.
Und wären Träume weiter nichts als Schäume,
den Dichter und den Ritter kümmert's nicht.

II.

Den Dichter und den Ritter kümmert's nicht,
zieht er auf seinem Klepper Rosinante
in ferne Lande, die er noch nicht kannte,
weshalb das Volk ihm den Verstand abspricht.

So zieh auch ich dahin, weil ich es muss.
Nennt man mich voller Mitleid einen Narren
und bindet mich auf einen Ochsenkarren,
entfliehe ich auf meinem Pegasus

in dieses ungewisse Abenteuer,
am Horizont kein Silberstreif in Sicht.
Mein Herz, es brennt noch heißer als das Feuer,

das uns der Fürst der Finsternis verspricht.
Und werden meine Qualen ungeheuer,
so schreibe ich ihm heimlich ein Gedicht.

III.

So schreibe ich ihm heimlich ein Gedicht:
"Wo Engelschöre Liebeslieder singen,
da werde ich mit dir das Tanzbein schwingen
und dich liebkosen, bis der Tag anbricht.

Falls jemals etwas Böses dich erschreckt,
dann kenne ich kein Zaudern und kein Bangen,
ich kämpf um dich mit Schwertern und mit Stangen.
Schlaf ein, mein Prinz, mit Rosen zugedeckt!

Ich flüstre dir Geheimnisse ins Ohr
und mache dir galante Komplimente
und schwöre: Para siempre, mi amor!

Wohl wissend, wenn uns jemals etwas trennte,
wär's nur der Tod. Ich wart am Himmelstor
und hoffe, dass sich bald das Schicksal wende."

IV.

Und hoffe, dass sich bald das Schicksal wende.
Wie sehr ersehne ich den Freudentag,
an dem er sagt, dass er mich leiden mag.
Dann fände meine Trübsal rasch ein Ende.

Dann müsste ich ihn nicht mehr so vermissen,
dann liebten wir uns ohne Unterlass.
Und niemals wandelt Liebe sich in Hass.
Gleichgültigkeit in Liebe? Kann man's wissen?

Ich geb ihm Zeit, soll er sein Herz befragen,
soll wie der Wind auf seinem weißen Ross
nach Hirschen in den grünen Wäldern jagen

mit seinem kühnen blaublütigen Tross.
Am Wegrand werd ich stehen und ihm sagen:
"Mein Prinz, mach Rast auf meinem Wolkenschloss!"

[63]

V.

"Mein Prinz, mach Rast auf meinem Wolkenschloss!"
Und kommt er mit, dann will ich ihn betören,
bei Wein und Wildbret wird er mich erhören
und unsre Leidenschaft ist grenzenlos.

So rede ich in meinem Übermut.
Vor kurzem ruhte er an meiner Seite,
ich seufzte nur und suchte rasch das Weite.
Ach, zweierlei ist's, was man denkt und tut.

Ich habe mir so manches ausgedacht
im stillen Kämmerlein zur Dämmerstunde.
Doch hat er mich schon einmal angelacht,

wenngleich nur eine einzige Sekunde.
Dass er bald Einzug hält in ganzer Pracht,
ich wünsch es mir aus tiefstem Herzensgrunde.

VI.

Ich wünsch es mir aus tiefstem Herzensgrunde,
bei ihm zu sein im hellen Sonnenschein,
des nachts hüllt schimmernd uns das Mondlicht ein
und kühlt in meinem Schoß die heiße Wunde,

die er mir schlug, der tapfre Degenfechter,
Millionen Sterne sahen dabei zu.
Wir brachen fröhlich jegliches Tabu
im unentwegten Kampfe der Geschlechter.

Ein Platz in seinem Herzen nur für mich,
und sei's nur eine einzige Sekunde,
erfleh ich von den Göttern inniglich.

Vernahm ich etwa nicht aus seinem Munde
von ferne her das Wort: "Ich liebe dich"
in einer Vollmondnacht zur Geisterstunde?

VII.

In einer Vollmondnacht zur Geisterstunde
ist nirgends eine gute Fee in Sicht.
Deswegen tu ich nunmehr meine Pflicht,
sattle mein Pferd und ruf herbei die Hunde.

Steck an den Helm mir eine rote Feder,
sorgfältig lege ich die Rüstung an.
"Doña Quixote kämpft um einen Mann!"
So raunt es, und schon bald weiß es ein jeder.

Das große Abenteuer muss gelingen!
Die müde Mähre wird zum Feuerross,
die Kraft der Fantasie verleiht ihr Schwingen.

Und träfe mich am Schlachtfeld ein Geschoss,
dann würde man mir Heldenlieder singen,
Dann fühlte ich mich stark und riesengroß.

VIII.

Dann fühlte ich mich stark und riesengroß
und überragte all die feinen Damen,
die zum Alkoven angestöckelt kamen,
darin mein edler Prinz ruht, nackt und bloß.

Doch nach durchwachter, grauenhafter Nacht
werd ich die Damen morgens schon erwarten,
verborgen hinterm Fliederbusch im Garten,
und jäh sind sie aus der Façon gebracht.

Mein blitzeblankes, messerscharfes Schwert,
werd ich an ihre Schwanenhälse drücken,
dann schlag ich ihnen frisch und unbeschwert

vom Haupt ihre gepuderten Perücken.
Ob wohl mein Prinz sie kahlköpfig begehrt?
Es würde ihn vermutlich nicht entzücken.

IX.

Es würde ihn vermutlich nicht entzücken.
Falsch ist das Haar, so falsch wie manches Weib,
mit dem er sich vergnügt zum Zeitvertreib,
das sich im schamlos gibt aus freien Stücken.

Doch leider bin ich selber nicht vollkommen,
ließ auf dem Schlachtfeld meine linke Brust.
Das war dem schönen Prinzen nicht bewusst,
als er vor kurzem mir so nah gekommen.

Vielleicht sollt ich ihm alles mal erzählen,
denn solch ein Prinz ist edel, gut und rein,
er würde mich vielleicht trotzdem erwählen.

Dann könnte ich getrost bescheiden sein,
statt mich mit Größenwahn herumzuquälen.
Ich bin halt nur ein kleines Dichterlein.

X.

Ich bin halt nur ein kleines Dichterlein.
Wollt auf dem Ball in Reimen ihn begrüßen,
geriet ins Wanken, lag zu seinen Füßen,
er half mir auf und lächelte ganz fein.

Wir tanzten, ich war steif wie ein Stück Holz,
er sah mich an, ich lallte ein paar Worte
von einer sterbenslangweiligen Sorte.
Und trotzdem war ich unbeschreiblich stolz!

Dann führte er mich in den Park hinaus.
Wird er das Mauerblümchen endlich pflücken?
Ein scheuer Blick: Nein, er sieht müde aus.

"Adios!" sprach er und kehrte mir den Rücken
und ging wie üblich ohne mich nach Haus,
so hat das Leben leider seine Tücken.

[66]

XI.

So hat das Leben leider seine Tücken.
Mein Don Quixote, ich will sein wie du,
beherzt und ehrbar, unbeirrt dazu!
Will mich gleich dir mit großen Taten schmücken.

Zieh in das Feld zu meines Prinzen Ehre,
zu seinem Lob obsieg ich im Turnier,
sein Monogramm ist meines Banners Zier,
sein Ruf dringt über alle sieben Meere.

Die Trobairises singen Ruhmeslieder
und jubelnd stimmt die Vogelschar mit ein,
drauf schreibt ein Komponist die Noten nieder.

Am Schlossplatz thront sein Ebenbild aus Stein,
ein Ölgemälde gibt sein Lächeln wieder,
sein Bildnis brannte sich ins Herz mir ein.

XII.

Sein Bildnis brannte sich ins Herz mir ein.
Verließe ich das Schlachtfeld ohne Wunden
und hätt mich nicht geschlagen und geschunden,
wie nutzlos würde ich als Ritter sein.

Auch fände ich als Dichter keinen Reim,
verfasste keine tragischen Sonette.
Stattdessen läg ich stumpf in meinem Bette
auf der Station im Altenpflegeheim

und fragte: "Liebe - ach, was war das nur?"
Oh nein, viel lieber lass ich mich berücken.
Plaisirs d'amour, und ach, Chagrins d'amour...

Aus Liebe ließ ich mir den Kopf verrücken,
empfing seitdem so mancherlei Blessur,
der Kummer drohte schier mich zu erdrücken.

[67]

Der Kummer drohte schier mich zu erdrücken.
da wurde ich urplötzlich aufgeschreckt
von einem Dickwanst, der war ganz verdreckt,
und brummte: "Wann gibt's endlich was zu Picken?

Mein Heimatdorf liegt nicht gleich um die Ecke,
mein Esel schreit nach Heu, mein Bauch nach Wurst,
wir haben Bärenhunger, Riesendurst!"
Ich wollte wissen, was er hier bezwecke.

"Hochedle Dame, ich bin Sancho Pansa,
ich möchte gerne euer Knappe sein."
Worauf der Kerl mich augenzwinkernd ansah:

"Ich geb mir Mühe, gebt mir dafür Wein!"
Alleine ritt ich durch die weite Mancha,
bis Sancho kam auf seinem Eselein.

XIV.

Bis Sancho kam auf seinem Eselein,
da träumte ich von großen Heldentaten,
bisher war keine einzige geraten.
Wie sollt ich jemals meinen Prinzen frein?

Doch fasste ich nun endlich frischen Mut.
Ich hatte auf der Fahrt einen Begleiter,
er war verfressen, aber immer heiter.
Da wusste ich, nun würde alles gut.

Mein Knappe Sancho lässt mich nicht im Stich,
wird mir die Treue halten bis zum Ende
und unser Ruhm, er währet ewiglich.

So ziehen wir zum Schlachtfeld als Entente.
Die Freundschaft, sie ist unerschütterlich,
Plaisir d'amour währt nur ein paar Momente.

XV.

Plaisir d'amour währt nur ein paar Momente,
den Dichter und den Ritter kümmert's nicht.
So schreibe ich ihm heimlich ein Gedicht
und hoffe, dass sich bald das Schicksal wende.

Mein Prinz, mach Rast auf meinem Wolkenschloss!
Ich wünsch es mir aus tiefstem Herzensgrunde
in einer Vollmondnacht zur Geisterstunde.
Dann fühlte ich mich stark und riesengroß.

Es würde ihn vermutlich nicht entzücken,
ich bin halt nur ein kleines Dichterlein,
so hat das Leben leider seine Tücken.

Sein Bildnis brannte sich ins Herz mir ein,
der Kummer drohte schier mich zu erdrücken,
bis Sancho kam auf seinem Eselein.

Dagmar Neidigk

Berlin, Friedrichshagener Vers-Werkstatt –
„Poeten vom Müggelsee"

KAMPF GEGEN WINDMÜHLEN

Vergebliche Illusionen
Vergebliche Sanktionen
Vergebliche Mühen ums Gerechte
Vergebliche Gefechte :

Gegen Bürokraten und Despoten
Gegen Ignoranten und Idioten
Gegen Rauchen und Trinken
Gegen Protzen und Stinken
Gegen Armut und Hochmut
Gegen Verschwendung und Verblendung
Gegen Hass und jedes Pulverfass
Gegen Lüge und knappe Bezüge
Gegen hohe Mieten und Exit-Briten
Gegen Hundekacke und Fernseh-Macke
Gegen leeren Kopp und Hunger-Job
Gegen stinkende Socken und lockende Locken
Gegen lärmende PKW und Rutschen bei Schnee
Gegen politisch Rot, Grün oder Schwarz
Gegen Sommerspross und Warz
Gegen Mücken und gegen Tücken

Immer wieder Niederlagen
Stets der alte Trott
Fühle mich wie Don Quichotte

[71]

Sagrario Núñez Molina

escritora, Blanca, Murcia, España

DULCINEA AMA A DON QUIJOTE

Sobre la Harley Davidson, Revolution
y su potente motor, VR 1000 viajamos.
 Los sabios ingenieros de Stuttgart,
han dejado la Harley, preciosa y precisa.

¡Vamos hacia tu estrella! ¡mi amado don Quijote!
Abrázate fuertemente a mi cintura,
como la hiedra se adhiere a un muro viejo.
Protege con yelmo la sesera
mantén tu pecho, bajo el abrigo de la zamarra.

No temas al secuestro, ni te asombres si te digo;
que soy tu Dulcinea, y Tú mi hombre.
Tú mi amado don Quijote, me has dado todo;
el gran amor que deseo, y un horizonte de libertad...
que ni rey, ni sabio, ni pastor, que yo vislumbrare,
pudiesen darme jamás!

A velocidad de la luz, sobre alfombra de nubes,
 bajo la bóveda celeste, viajamos
hacia el gran balcón abierto de tu estrella.
Caballero del Honor; préndete a mí cintura,
cuatro siglos de amor y ensueño nos redimen.
Vivamos libres tu hermosa locura; y la cordura,
en las páginas de tus Historias Imperecederas.

Milena Ortiz Macaya

Antofagasta. CHILE

DIÁLOGO DE AMOR ENTRE DULCINEA Y DON QUIJOTE.

Cansado de sus aventuras junto a Sancho Panza
 llega Don Quijote a una Venta en el Toboso y al *entrar*
su mirada se posa en la figura de una agraciada cortesana.
Se dirige a ella y con amor ardiente declara:
¡¡Canto a la dulce bruma que empaña mis ojos
al ver tanta hermosura en una dama tan gentil
Dulcinea del Toboso, bella reina y princesa mía!!.
El hidalgo besa su mano y le susurra
¡Eres tú, y estás a mi lado dulce sueño anhelado!.
Al querer abrazarla, por su pesada armadura
tropieza y cae de rodillas enunciando:
¡tienes la bondad como compañera
y el amor como la pureza de las estrellas!.
¿Qué he de hacer señora Mía para ganar tu corazón?

Aldonza Lorenzo humilde labriega de la Mancha,
llamada Dulcinea del Toboso por Don Quijote, señala:
¡Oh, caballero de tan triste figura!
mis ojos maravillados se han fijado en ti
y el amor ha golpeado a mi puerta
conmocionando mi humilde corazón.
¡En la gloriosa dicha de mi destino, mis brazos
siempre estarán esperándote y al besarte amante mío
tendrás todo el amor que tu alma desde siempre
merece!...

Por las estepas Castellana avanza el valiente hidalgo,
lleva en sus pupilas el rostro de su bella Dulcinea.
Pareciera como de otra época, tal vez este futuro sea
demasiado real.
¡Y henchido de júbilo, con temple y valor cabalga Don
Quijote,
amado por su Dulcinea, a la conquista de un nuevo ideal!.

[75]

Jürgen Polinske

Berlin
Köpenicker Lyrikseminar/Lesebühne der Kulturen
Friedrichshainer Autorenkreis

Streiten,
Worüber
wenn niemand hören will
was Rotweinschläuche sind und Mühlen

Streiten,
wider Hochmut
um Esel, Gaul und Knecht
für die Liebste, Dulcinea

Streiten,
mit Schwert und Speer
So erwerben Sieger Sklaven

Noch mit dem Ring um den Hals
Scharfe Worte aufs Papier gestochen
Edler Don
Streiten mit dem Federkiel

Disputar

Sobre qué

si nadie desea escuchar

lo que son odres llenos de vino y molinos.

Disputar

contra la arrogancia

por un asno, un jamelgo, un sirviente,

la amada Dulcinea.

Disputar

con la espada y la lanza,

así, los vencedores consiguen esclavos.

Todavía con un grillete en el cuello

palabras tajantes dan pinchadas en el papel

el Hidalgo

dispara el cañón de su pluma.

Traducción: José Pablo Quevedo/ Bárbara Krüger-Quevedo

Laufenlernen, Erfahren

Nach Patras gehts, von Naupaktos nach Patras.
Windräder flügeln über der Brücke,
hoch auf dem Gipfel, oben.
Wen stören sie?
                Den Edlen,
                den der traurigen Gestalt.
Sie zerschneiden seine Wege
mit ihren Schatten.
Wo sie stehen wächst weniger Wein,
blüht Schwarzer Lorbeer weniger süß.

Neu sind die Riesen,
wird neu nun der Kampf?
Cervantes kennt diesen Ort,
er erinnert Lepanto.
Hier erhielt der Ritter
seinen Schlag.

Aprender a caminar, a experemintar

Para llegar a **Naupactos** salimos de **Petras**.
Los molinos agitan el viento sobre los puentes,
sobre sobre las crestas de los montes.
¿Quién los estremece? (perturba)
            El Hidalgo,
            el hombre de la triste figura.

Ellos cortan su camino
con sus sombras.
Donde ellos crecen hay poco vino,
crece el laurel negro, pero dulce.

Nuevos son los gigantes,
¿será nueva, nuevamente, la lucha?

Cervantes conoce el lugar,
él recuerda a Lepanto.
Aquí tuvo el caballero
su primer espaldarazo.

für Heidrun R., eine Rosinante
2002/03

Don,

Euer Name?
Nicht Juan?
... von Cervantes.

Dann seid Ihr der Kerl,
der dreifach beschützt.
Das finde ich toll.

Ritter von der traurigen Gestalt,
Ihr solltet nicht so heißen -
vielmehr, der Ritter im Glück.

Ihr habt Dulcineen, Rosinante und Sancho,
drei Stützen, was wollt Ihr mehr?
Nehmt es nicht übel,

ich hätte Probleme
mich zu entscheiden,
bei aller Liebe ...

Dulcinea?   Die Liebe selbst, die Vision.
Sancho?   Treu, Diener, ein Mann aus dem
                   Volk.
Rosinante?   Das Weibchen beim Tier?

Don, bester Don,
schämt Euch Eures Namens nicht,
mit drei Freunden gibt niemand eine traurige Gestalt.

Ich hätte Probleme...
Der Kerl?   Die Vision?
Wirklich treu, ist doch nur der Gaul.

[80]

Para Heidrun R., una Rocinante
2002/2003

Don,

¿Vuestro nombre?
¿No Juan?
...De Cervantes.

Entonces usted es el hombre
que protege tres veces.
Lo hallo genial.

Caballero de la triste figura,
usted no debería llamarse así -
sino el Caballero de la suerte.

Usted tiene tres protectores:
Dulcinea, Rocinante y Sancho,
¿Qué más quiere?
No lo tome a mal,

yo tendría problemas
de poder decidirme,
sintiéndolo mucho...

¿Dulcinea? El amor mismo, la visión.
¿Sancho? Fiel, servicial, un hombre del pueblo.
¿Rocinante? La hembra entre los caballos.

Don, mi mejor Don,
no se avergüence de vuestro nombre,
con tres amigos no hace una figura triste.

Yo tendría problemas...
¿El hombre? ¿La visión?
Fiel de verdad, es solamente el rocín.

Traducción: José Pablo Quevedo/ Bárbara Krüger-Quevedo

Der Dulcinea-Baum[2]

[2] Text aus einer alten Handschrift, die Cervantes für seinen Don Quijote offensichtlich verworfen hatte, denn nach diesem Text gäbe es keinen dritten Auszug seines Helden mehr

Die Nachmittagssonne der La Mancha brennt auf die Beiden herab. Der Lange, Hagere auf dem Klepper schaukelt vor Erschöpfung im Sattel hin und her. Dem Schein nach apathisch, trottet der kräftig rundliche Mensch auf dem Esel hinter ihm. Urplötzlich nimmt das Grautier Tempo auf, trabt am hochbeinigen Braunen vorbei in Richtung auf den Baum zu, der sich am Horizont vor den Reitern erhebt.

Sancho, wohin so eilig?

Edler Herr, dort vorn winkt uns Schatten.

Das muss ein Zauber sein, denn wer für seine Liebste unter der Sonne reitet, der bedarf keines Schattens, um seinen Mut zu beweisen. Hier will mich jemand versuchen, die Ritterehre mir nehmen. Für Dulcinea, das Wunderweib aus Toboso ertrage ich ganz andere Leiden als Schwitzen. Willst Du Dummer denn die Regeln niemals lernen?

Herr, es ist nur ein Baum und ich erinnere mich, dass wir im Frühjahr bereits schon einmal unter ihm weilten. Und wie ihr schwärmtet ob der weiß-blassrosa Blütenpracht. Die Farbe der Haut des edlen Fräuleins sollte es sein und das Leuchten ihrer Augen, die Rinde duften wie ihr Haar, ihren Wuchs saht Ihr im Stamm und die Krone war Euch ihr Busen. Ja solcher Attribute wart ihr voll und sie wollten schier nicht enden. Ich sag nichts weiter, denn es war ein Baum in Blüte nur, und als Ihr saht, wie wir anderen Drei Nutzen davon ziehen wollten ...

Knecht, Vorlauter, halt ein. In mir steigt der Zorn wie seinerzeit. Der selbst so treue Rosinante fraß aus den höheren Lagen die Blüten, die Dein Esel nur an den unteren Zweigen erreichte. Tiere! Das Vieh versteht nichts von Schönheit, edlen Gedanken und Ehre. Ich begriffs, als Rosinante in den Schatten äppelte. Du aber, Unhold, hättest Du nicht schnell ein Wort der Sühne gebraucht, um Verzeihung gebeten, wahrlich ich hätte dir meine Lanze in Deinen ungläubigen Wanst gerannt.

Wie frevelhaft von Dir die Schilderung meiner Herrin mit den Worten abzutun, ein Apfel von diesem Baum wäre Dir lieber, keine Blüten der Welt würden Deinen Hunger stillen. Wie erbärmlich, nur an seinen Pansen zu denken. Ich ...

Beruhigt Euch Edler Ritter, ich gab Euch Recht: die Blüten dufteten in der Tat wie ein Weib, dem Liebe aus allen Poren dringt, dem auch der Schweiß vom Roggendreschen nichts anhaben kann. Riecht aber ein Weib nach Brot, ach Herr ...

Fresssack, unbändiger, kannst du nichts anderes Denken?

Euer Diener, Herr ist ein Bauernsohn und sorgt sich einfach um das Leben. Ich sah Euch doch auch, nach Euren Heldentaten, stets bei gutem Appetit. Mein Weib und die Kinder wollen auch nicht Worte nur zum Beißen auf dem Tisch haben. Seht nur, seht, wie die Äpfel am Baum in der Herbstsonne leuchten. Uns winken Schönheit und Schatten und Sattwerden. Gleich sind wir angelangt.

Gut, um Deines hinfälligen Leibes, schwachen Willens und geringen Verstandes wegen wollen wir rasten. Komm, hilf mir aus dem Sattel. Dann kann ich mein Kreuz an den Stamm lehnen, das mir niemand in den Rücken fällt.

Der Ritter gab tatsächlich eine traurige Gestalt. Schlaff und ein wenig krumm, nach vorn gebeugt, schleppte er sich in voller Montur die drei Schritte bis zum Baum und ließ sich unter Stöhnen nieder. Sein Schildknappe indessen pflückte zwei Äpfel vom Baum und biß sofort in einen hinein. Mit vollen Backen kauend wandte er sich an den Don.

Nicht zu süß, nicht sauer, diese Erfrischung wird Euch stärken, die Farben der Frucht, ihr Duft sehr gefallen. Probiert.

Don Quijote ergriff den dargebotenen Apfel mit seiner Linken, ohne die Lanze aus der Rechten abzulegen, drehte ihn auf seinen Fingerspitzen wie auf einem Thron vor seinen Augen, besah ihn sich von allen Seiten. In den Augenwinkeln nahm er wahr, wie sich Rosinante und Sanchos Esel an den Früchten der unteren

Zweige und am Fallobst bedienten. Sancho hatte den ersten
Apfel bereits verschlungen und führte den nächsten zum Mund.
**Ihr verfluchten Drei, ihr Frevler, ich sollte euch alle
erschlagen – seht ihr nicht wie ihr Dulcinea tötet? Diese
Rundung, dieses rotbäckige Leuchten, Festigkeit und Samt
der Haut, alles wie bei meiner Herrin. Und ihr
Nichtskönner, Tölpel und miese Kreaturen beißt einfach
hinein und schlingt, als hättet ihr vierzig Tage nichts mehr
zwischen die Zähne bekommen. Das begreife wer will, wie
kann man nur so abscheulich primitiv handeln? Ich bin es
leid euch Elenden wieder und wieder alles von vorn zu
erklären, dummdreist wie ihr seid und ...**

*Essen, ich sag es frei heraus, ist ein Liebesdienst. Den solltet Ihr
auch Eurer Dulcinea gönnen und Euch, meinetwegen ihr zum
Gefallen und Eurem Sancho nicht verweigern. Doch ich
unterbrach Euch, erbitte Geduld mein Herr, ein wenig Geduld, ich
will Euch gern weiter lauschen, aber Eurem Knecht grummelts im
Bauch. Die Früchte sind scheints noch nicht richtig reif, es zwickt
und kneift, ich trau den Wind nicht gehn zu lassen. Verzeiht, ich
schleich nur kurz hinter den Stamm, ich...*

Sancho hält seinen Bauch, dreht auf den Hacken um und rennt
los. Sein Herr bleibt erstmals sprachlos zurück, sackt in sich
zusammen, schiebt den Helm auf seinem Kopf hin und her,
schüttelt die Lanze und verdreht seine Augen wie wild.
Rosinante äppelt.

Unbändige Wut, gewaltiger Zorn, ein rasendes Zittern
überwältigen Don Quijote angesichts von Rosinantes Tun und
dem breiten Lächeln Sancho Pansas, mit dem er zu seinem
Herrn zurückkehrt. Die Halsadern des Ritters schwellen an, Röte
steigt ihm ins Gesicht und man sieht, wie er tief Luft holt für die
anstehende Tirade. Doch dann ist ihm, als müsse er ersticken.
Kein Wort kommt aus seiner Kehle, nur Laute eines sterbenden
Löwen. Alle Spannung verlässt seinen Körper und er weint.

Von Deinem Esel, Sancho und von Dir verstoktem Esel habe ich nichts anderes erwartet. Daß aber auch mein sonst so verständiger Rosinante auf die Sonne meiner Seele, auf die demutsvolle Dulcinea, dem Stern meiner Liebe scheißt, nein das ertrag ich nicht.
Zwecklos Euch zu erschlagen, die Fliegen, die Euch fressen, scheißen auch auf alles. Mit Versagern wie euch ist kein Held zu großen Taten fähig, ihr ...

Trocknet Eure Tränen, liebster Herr, Rosinante ist viel verständiger als Ihr glaubt. Er gibt von dem was er empfing, stets etwas an den Spender zurück. Oder wollt Ihr im nächsten Frühling Euch nicht an zartesten Dulcineablühen erfreuen, wollt im Herbst nicht fruchtgestärkt ihr zu Ehren in Kämpfe ziehen, zur Minne ihr huldigen? Und Euren Schimpf auf mich, Euren treuen Knecht, den ihr Euch selbst zum Schildknappen erwählt, Euren Schimpf ertrag ich mit Geduld, sollen doch die versprochene Insel, ein Königreich und Ämter Lohn mir sein.

Spitzbube, Hurensohn; Schweig! Es hat sich ausgekämpft. Wenn ich's mir recht überlege, mit Verstand bedenke, dürften es nun ausreichend Taten sein, um huldvoll von meiner Dame empfangen zu werden. Wenn Liebe nicht bestehen kann, muss sie vergehen. Müde bin ich, Du Bauernspeck, will mich heimwärts wenden, bevor es nach Toboso geht. Es hat sich ausgekämpft.

Nein! Nein! Das kann nicht sein, ehrenwerter Don, dass Ihr mir Unrecht tut. Was wird nun aus Euren Schenkungen, meiner Insel, soll ich arm und elend hier verkommen?

Einfältiger Esel Du, wenn ich bei Verstand, was hoffst Du da ein Königreich zu erben? Komm, hilf mir auf.

Sancho Pansa steht starr, die weit aufgerissenen Augen auf den Don gerichtet. Er will es nicht glauben, all die Zeit umsonst gedient? Prügel, Schmerzen, Schmähungen vergebens erduldet?

Regungslos sieht er seinen Ritter, der keiner mehr sein will, sich am Baum stützend langsam aufrichten, seinen Helm in die Zweige hängen, die Lanze gegen den Stamm lehnen, Rosinantes Zügel greifen, die Sattelriemen festzurren. ihn vom Apfelschmaus wegziehen,.

Komm, mein einziger Sancho, hilf mir in den Sattel. Die Kraft selbst aufzusitzen, hat mich verlassen. Gemeinsam lass uns zur Heimat ziehen.

Ihr meint es ernst und seid zu keiner Umkehr zu bewegen? Gern halt ich Euch den Bügel, wie ich es immer getan. Hier, ergreift meine helfende Hand. Was soll ich meinem Weib und den Kindern jetzt bieten, ohne Ämter, ohne Krone, ohne Insel? Schaut auf Euren Sancho in seiner Pein, gönnt Euch das Vergnügen und sagt dass Ihr scherzt, spottet meiner nicht.

Sein Herr sitzt im Sattel mit hängenden Schultern und ein wenig windschief. Er wendet sich um, sieht Sancho fest und länger als früher üblich in die Augen. Dann schüttelt er den Kopf.

Lass gut sein, Bester. Jetzt klopf dem Rosinante die Kruppe, dass er zügig trabt.

Ja, ein guter Gaul kennt den Weg zur Krippe.

Sanchos breite Hand klatscht zweimal auf Rosinantes Hinterteil. Er und der Hagere auf seinem Rücken trotten in die untergehende Sonne der La Mancha hinein. Sancho seufzt, greift dann beherzt den Strick um den Hals seines Grauen.

Komm, komm schon mein Alter, ohne uns ist der Herr verloren.
Zu dumm nur auf was ich alles verzichten soll.
Ich glaube, jetzt werde ich verrückt.

Ein Wiedersehen in La Laguna Teneriffa: José und der Don

José Pablo Quevedo

Alemania-Perú

En donde el Quijote golpea un molino
hay reminiscencias reminiscentes
y en mi pantalón, a dos orillas, ando
y llevo sobre mis espaldas los cuadros
de los mejores momentos de mi ruta.

En donde el Quijote golpea un molino con su adarga
cae Rocinante. Y el segundo, ahora, es Pegaso
el que lo lleva a una nube.

Me digo, en la orilla donde se muelen las arenas
los molinos son otros,
los anteriores de madera han caído polvorientos,
los nuevos se siembran como bosques hasta en el mar,
metálicos los retratan los satélites,
pues el hombre camina hacia la estrella, a lo alto.

En los cuerpos de las nubes ellos se reflejan,
sus movimientos nos parecen lo efímero del instante,
como instante es la codicia de los pocos
en la entrega de trocitos de espejismos a los hombres.

Pero el costillar de Rocinante anuda historias,
revive lo que el tiempo compara de otro tiempo.
Y si hay golpes de Quijotes a las aspas de un molino,
ellos no dejarán pasar la codicia voráz a otro momento.

Aún en ristre, hay batallas, como contracción
repetitiva de olas,
y aspas de la luz molinera invaden nuestros
pensamientos.

Dort wo Quijote eine Mühle bezwingt
gibt es erinnerungswürdige Anklänge
und ich in meinen Hosen an zwei Ufern
trage auf meinem Rücken die Bilder
der besten Augenblicke meines Weges.

Dort wo Quijote eine Mühle mit seinem Lederschild
schlägt,
fällt Rosinante. Und sogleich ist es Pegasus,
der ihn zu einer Wolke bringt.

Ich sag mir, am Ufer, wo Sand gemahlen wird,
sind die Mühlen anders.
Die früheren aus Holz sind schon zerfallen,
die neuen stehen wie gesät, ganze Wälder bis hin zum
Meer,
glänzen metallisch auf den Satellitenbildern,
denn der Mensch bahnt sich seinen Weg hin zu den
Sternen.

In den Körpern der Wolken spiegeln sie sich,
ihre Bewegungen nur ein vorübergehender Moment,
ein Moment von Habsucht der Wenigen
beim Spenden von Krümen
einer Fata Morgana an die Menschen.

Rosinantes Rippen verknüpfen Geschichten,
beleben, was die Zeit mit einer anderen Zeit vergleichen
lässt.
Und wenn Schläge der Quijotes die Flügel einer Mühle
treffen,
lassen sie Habgier zu einem anderen Moment nicht zu.

Noch in Kampfbereitschaft, gibt es Schlachten,
wie ein sich wiederholendes Zusammenziehen der
Wellen.
Und Flügel aus Mühlenlicht durchdringen unsere
Gedanken.

Los nuevos molinos

Antes de llevar a su Caballero,
a su último combate,
„Rocinante" resopló en el aire,
dejó que el sol condensara el agua de la nube,
para que la imaginación de su caballero
no quedara fija en las glorias pasadas.

Ningun ápice de viento movía el molino,
más alto que la misma estrella.
Recordó en ese fugáz momento,
los tiempos de sus viejas carreras por las sierras,
las batallas contra otros enormes gigantes
-sabía que ellos no eran invencibles-.
Pero el sentir de sus costillas cansadas,
le dijo, que esta vez perdería la apuesta,
acaso, aún teniendo a favor la baraja de mano
y los ases de su parte.

Rocinante se hizo a un lado del camino,
donde la luna llena iluminaba la tierra, su rostro de cuero.

2

Certero y de una nube bajó Pegaso,
y el caballero de la "Triste Figura"
alistó su adarga contorsionándola en el aire,
y probó al alazán para su vuelo.

Los cascos de "Rocinante"
también habían golpeado aquellos suelos,
pero las alas de Pegaso se huracanaron,
intentaron el asalto hacia el nuevo molino,
más alto que los faros de Alejandría,
y la estatua de la Libertad en Manhattan,
y más alto que uno y otro sueño imaginario.
Los dos ensayaron la nueva proeza.

3

Plantado sobre la tierra de cuero
Rocinante vio a su hermano solípedo elevarse
desde el blanco de sus alas crecidas sobre el lomo.
La adarga resplandeciente en el puño del caballero,
pegaba certeramente al aspa del molino.

4

Esta vez, la tierra mostró su verdadero rostro ante la luna
y adecuó nuevamente la sinfonía del mar
sobre el asiento de Pegaso.
Y cayó don Quijote, y con él el siglo cayó entero,
y los libros adecuados al gusto ramplón de la gente
se desgajaron,se hicieron polvo,
cayeron en el basurero de la historia.

La lección se repite pero se diferencia en cada jornada,
y bajo el telón de las nuevas figuras y del devenir del
tiempo,
es un acto magistral repetitivo y regresivo de la historia.

Der letzte Kampf oder die neuen Mühlen

1

Bevor sie ihren Herrn
zu seinem letzten Kampf trug,
schnaubte „Rosinante" in die Luft,
wartete, bis die Sonne das Wasser der Wolke verdampfte,
damit die Phantasie ihres Herrn
sich nicht beschränkte auf vergangene Heldentaten.

Kein Windhauch bewegte die Flügel der Mühle,
die bis an die Sterne am Himmel ragte.
Quijote erinnerte sich an jenen flüchtigen Moment,
an die alten Zeiten seiner Ritte über die Meseta,
an die Kämpfe gegen andere Riesen,
Hoch war die neue Mühle, doch nicht unbezwingbar.
Jedoch spürte er die von so vielen Kämpfen ermüdeten
Rippen
und sagte sich, dass er wohl dieses Mal die Wette verlöre,
und nur vielleicht das Spiel zu seinen Gunsten liefe.

Er ritt auf Rosinante an der Seite des Weges
bei Vollmond, der das braunlederne Gesicht der Erde
beleuchtete.

2

Da kam Pegasus von einer Wolke herabgeflogen.
Der Ritter von der traurigen Gestalt
stieß seine Lanze in die Luft
und versuchte sein Rotbraunen zum Fliegen zu bringen.

Die Hufe von Rosinante
waren über den Boden der Meseta getrabt,
Pegasus' Flügel aber flatterten, schwangen es hoch zu der
neuen Mühle,
die höher als der Leuchtturm von Alexandria
die Freiheitsstatue in Manhattan,
und höher noch als der eine oder andere Traum.
Beide waren bereit für die neue Heldentat.

3

Auf der ledernen Erde stehend
sah das Ross seinen einhufigen Bruder
mit seinen weißen Flügeln
sich in die Höhe schwingen, auf ihm Don Quijote,
in der Hand hielt er den glänzenden Schild
und er sollte die Flügel der Mühle wohl treffen.

4

Dieses Mal zeigte die Erde ihr wahres Gesicht im
Angesicht des Mondes
passte erneut die Meeressinfonie an den Sattel von
Pegasus an.
Don Quijote fiel heftig, und mit ihm das ganze
Jahrhundert.
Und auch die Bücher des schlechten Geschmacks der
Leute
gingen entzwei, wurden zu Staub
und fielen auf die Müllhalde der Geschichte.
Die Lehre wiederholt sich, doch in anderer Weise jeden
Tag neu.
Unter dem Vorhang der neuen Figuren und dem Lauf der
Zeit.
Es ist ein regressiver, meisterhaft wiederholter Akt der
Geschichte.

Deutsche Übersetzung: Barbara Krüger-Quevedo

Andoni al Ros Soler als Don Quijote
Spanien

[98]

María Nancy Sánchez Pérez
Bolivien

DULCINEANDO

Tu me escogiste en mis sueños,
Don Quijote
entre la multitud de las mieles.

Me hiciste sentir bella, hermosa, única,
me amaste hasta vaciar mi alma en tu boca,
Ay...cómo mi piel vibraba al sentirte en chorros
inmaculados.

Ceñí tu huella errante al gozo de mi vientre sediento,
Así... en sudores de placeres,
nos escapábamos de la nauseabunda realidad.

Don Quijote sin mancha alguna,
me amó sin batalla ni sometimiento.

Sus fantasías me enfrentaron contra el miedo,
sus sueños me dieron luz de belleza a mis sentidos,
por sus locuras fui la contorsionista en lo imposible.

Este hombre flaco, esbelto de siglos perdidos,
me declaró su Dulcinea del Toboso.

Dulce en Tierra de esclavos modernos.
mapa bombardeado por la injusticia del hambre.

!Don Quijote me convirtió en la Diosa de este Paraíso
Terrenal!.

Ahora dibujando los poros de la libertad,
iré creando un Mundo Nuevo de sueños y fantasías.

Berlín, 8 de Febrero 2017

[101]

DULCINEANDO

Du wähltest mich,
Don Quijote,
in meinen Träumen aus der süßen Menge.

Durch dich fühlte ich schön, wunderbar, einzig.
	Du liebtest mich, bis meine Seele sich in deinen
	Mund ergoss.
	Ach, wie meine Haut bebte, als ich deinen reinen
	Strahl empfand.

	Ich umschlang deine unstete Spur zur Freude
	meines dürstenden Leibes
und so...im Schweiß der Lust
entkamen wir der miserablen Wirklichkeit.

Don Quijote, makellos,
liebte mich ohne Kampf noch Unterwerfung.
Seine Fantasien wappneten mich gegen die Angst,
seine Träume gaben mir das Licht der Schönheit für
meine Sinne,
	durch seine Narrheit wurde ich zur Schlangenfrau
	des Unmöglichen.

	Dieser schlanke aufrechte noble Mann aus
	verlorenen Zeiten
	erklärte mich zu seiner Dulcinea von Toboso.

Die Herrlichkeit der Erde, voll moderner Sklaven,
eine Landkarte, zerbombt von der Ungerechtigkeit des
Hungers.

Don Quijote verwandelte mich in die Göttin
dieses Irdischen Paradieses!.

Nun zeichne ich die Poren der Freiheit.
Ich werde eine neue Welt der Träume und der Fantasie
schaffen.

Übersetzung: Cornelia Seebach

Antonio Machado Sanz

Spanien

ROMANCE DE LA SOLEDAD

(¡Qué pena llegar tan tarde!)

*En donde Dulcinea, ante el cuerpo yacente de Alonso
Quijano, confiesa su amor por Don Quijote.*

¡Qué publiquen en pasquines,
tan mala fortuna mía!
¡Qué se me ha muerto mi Alonso
ahora que ya le quería!

Tan poco caso le hice
a sus requiebros de amor,
tantas veces lo ignoré.
que orate se me volvió.

¿A quién voy ahora yo
a pedir que me agasaje?
Sólo Sancho, su escudero
me rinde su "pleitesaje".

Ya no podrá "desfacer"
ni entuertos ni encantamientos,
y para entrar en el cielo,
le pondrán impedimentos.

Y en esta hora tan amarga
confiésome arrepentida
de no haberle entregado
toda mi alma, con mi vida.

Ahora que velo sus huesos
con el ánima apenada
observo su magro cuerpo
bajo el sayal y la espada.

¡Malhaya sea el Bachiller!
y maldito el señor cura
y los que colaboraron
para embutir la locura

en la razón del Quijote
donde sólo había bondad,
cuidado de desvalidos
y olvido de la maldad.

Enero/Febrero 2017

Marlies Schmidl

Berlin
Friedrichshainer Autorenkreis
Köpenicker Lyrikseminar/Lesebühne der Kulturen

Wie **treibholz**
im wasser
drehten sie sich
tranken die nacht
von ihren lippen
fische sprangen zum mond

Juni 03

wortloses du
12. märz 2007

mit deinem atem
hebst du mich empor
wortloses du
deine augen
hat der traum
freigegeben
sie spiegeln
die tiefe
ergründen kann ich sie nicht

was
bleib ich dir schuldig

Walter Trujillo Moreno

Ecuador

MY NAME IS DULCINEA

Mi nombre es Dulcinea,
no sé si suena mejor como Dulciní o Dulciné
mi pasado pasa delante de mis ojos
como espinas que rasgan mi piel y mis sentidos
mis años nuevos/viejos son mi tortura incierta
no los quiero más a mi lado
los declaro extraños y ajenos a mi existencia
prefiero hablar del futuro sin destino
de matices subjetivos y dorados

Regresando al punto CERO,
buscó la evolución de mi conciencia individual,
mi espíritu se mantiene fiel,
mi alma envejece con mis recuerdos,
la objetividad de mi subjetividad se vuelve gris y conocida
El alma perversa, es el alma que cae en la costumbre y
consumo,
mi edad es cualitativa, extensiva, progresiva,
retrospectiva, cíclica,
regresiva, irreversible, inevitable y cierta.
Mis años próximos trazan un mundo más allá de la
filosofía,
religión o moral,

un cielo de color accidental sin decorados,
La naturaleza me impone,
rechaza el tiempo progresivo,
vive en la extensión y repetición,
sus dimensiones van más allá del pasado, presente y
futuro.
Como hombre no puedo competir,
ella se repite permanente.

Berlín, Marzo 2013

[109]

Lothar Wachenschwanz

Berlin, Friedrichshagener Vers-Werkstatt –
„Poeten vom Müggelsee"

SICHTWEISE

Du kannst schalten und walten,
den Tag nach deinem Gusto
gestalten,
kannst gehen, stehen oder reisen,
um deine Mobilität zu beweisen,
sitzen irgendwo,
im Sessel, im Flugzeug oder auf
dem Klo.
Du kannst nach Wissen streben
oder sorglos in den Tag hinein leben,
kannst im Bette bleiben
die Zeit mit Sport vertreiben,
lieben oder hassen
oder beides lassen.
Kurz: Du kannst schalten und walten,
versuchen das Denken abzuschalten,
nur eines nicht, das Herz
und deine Gefühle,
sind Weiber im Spiele.

Dulcinea lebt, Herr Quijote
XXI. Cita de la Poesia 2017
Dichterbegegnung Lateinamerika – Spanien – Berlin
30. MAI - 4. JUNI 2017

Teilnehmer der Veranstaltung sind
spanische und lateinamerikanische
Dichterinnen und Dichter, sowie
Vertreter der Friedrichshagener
Vers-Werkstatt „Poeten am
Müggelsee", des Friedrichs-
hainer Autorenkreises und
des Köpenicker Lyrik-
seminar/Lesebühne der
Autoren Adlershof.

Mi, 31. Mai 2017, 17:00 Uhr
Bürgerinitiative
Ausländische Mitbürger*innen e.V.
Neustrelitzer Str. 63, 13055 Berlin
Dichterlesung
Musik: Sabine Raake (Harfe)
Eintritt frei

Do, 1. Juni 2017, 9.30 – 15.00 Uhr
Arboretum der Humboldt-Universität
in der Späth'schen Baumschule,
Späthstraße 80/81, 12437 Berlin
Führung, Seminar, Lesung und Baum-
pflanzen im Freien unter Bäumen
(Regenvariante: Bibliothek des Arboretums)

Do, 1. Juni 2017, 16.30 Uhr
Kulturzentrum Alte Schule Adlershof, Raum 117
Dörpfeldstr. 54, 12489 Berlin
Teilnahme am Köpenicker Lyrikseminars/
Lesebühne der Kulturen Adlershof
Arbeitsdiskussion mit Ulrich Grasnick
zu eigenen Texten
Eintritt frei

Fr, 2. Juni 2017, 9.00 – 16.00 Uhr
Seminarraum in der Naturwissenschaftlichen
Bibliothek der Humboldt-Universität zu Berlin
im „Erwin-Schrödinger-Zentrum"
Rudower Chaussee 26, 12489 Berlin-Adlershof
Seminar/Diskussion zu Texten und literarischem Schaffen

Fr, 2. Juni 2017, 19.00 Uhr
Kulturzentrum Alte Schule Adlershof, Bürgersaal
Dörpfeldstr. 54, 12489 Berlin
Dichterlesung und Ausstellungseröffnung „Dulcinea lebt, Herr Quijote"
Musik: Sabine Raake (Harfe)
Eintritt frei

Die 21. Dichterbegegnung wird veranstaltet vom Köpenicker
Lyrikseminar/Lesebühne der Kulturen Adlershof und der Humboldt-
Universität zu Berlin in Zusammenarbeit mit dem Bezirksamt Treptow-
Köpenick von Berlin/Fachbereich Kultur
und Museum/Kunstverleih Treptow-Köpenick (Artothek).
Organisation der Veranstaltung:
José Pablo Quevedo und Jürgen Polinske

© ULRICH STEINS – JOSÉ PABLO QUEVEDO (SMARK)

[111]

Was wir zu sagen haben
Lo que tenemos que decir

Teil 2

Ergänzungen und Korrekturen[3]

zur
XX. Cita de la Poesia   2016   in Berlin

---

[3] die häufig aus Gesprächen in den Seminaren resultierten

Was wir zu sagen haben
Lo que tenemos que decir

Was wir zu sagen haben
liegt offen auf der Hand
die ausgestreckt für jeden
der sie ergreifen möchte

Was wir zu sagen haben
muss ungeschminkt ans Licht
mit allen Schrammen und den Narben
selbst den Brandmalen der Liebe

Was wir zu sagen haben
wir haben`s aufgeschrieben
und kommen Dir entgegen
mit offener Hand – nur Mensch

J.P.

Lo que tenemos que decir[4]
lo traemos en nuestra palabra
recepcionada por aquel
que la quiera oír y sentir.

Lo que tenemos que decir
no necesita colorido ante la luz,
las heridas hablan por ellas mismas,
como aquellas del amor.

Lo que tenemos que decir,
ya lo hemos escrito,
y venimos a tu encuentro
como hombres con la mano abierta.

---

[4] Neu übersetzt: José Pablo Quevedo

[116]

Andoni al Ros Soler

Sedimentos del 'Mare Nostrum'... (*)

Silencios de mareas sin gargantas,
silencios no inconscientes
como una tormenta que desmintiera
una negación de mi palabra,
un vencimiento de mi rabia;
o un mundo en el que yo ya fuera
un desaparecido más...,
aquel subsahariano muerto.

¡ Mar variable, 'Mar Nuestro'
y 'Río Múltiple' en tus espumas;
sólidas sienes en tu canción del sodio ¡...
Madre extensa del mineral yerto
que hoy llevas hasta tus playas
lo que resta de nosotros, de mi odio;
o cuento queda de todos.

Desmarañar la duda es el gran reto.
De otro modo: ¡ Matadnos !...

¡ Matadnos, a los poseedores del pensar !...
¡ A quienes reunimos grandes haces de luz primera,
reducimos las noches
y aventamos madrugadas,
para alimentar mañanas a nuestros hijos;
y hacemos el amor..., después del cansancio !...

Serán nuestros nietos quienes abran 'Primaveras';
y conocerán la infamia...

Pero ya no lamerán heridas,
ni padecerán vergüenza...

[117]

Ni cubrirán su espalda
con la capa desoladora de vuestro 'Don'.

No había que haber matado a la 'paloma'
en esta tierra de mal agüero;
ni celebrar la desdicha de la siembra,
ni adorar a los que se orlan;
tampoco, haber ofendido al lobo,
en este mundo
que tanto pondera la acción del mono.

¡ Oh, Mar, marea múltiple y primigenia,
diástole-sístole y reloj de nuestro despertar !...

¡ En mi sexo cantando...,
y en mis dientes asiendo a quien no te celebra !
Así es contigo, mi 'yo-único', quien te menta:

¡ Mar, Mar poblada de yesos y fosfatos,
de ahogadas libertades; de canciones
con el grito estrellado contra tus riberas,
que escasas veces fueron voces de sirena !

...¡Rompe este silencio junto a mí,
y alza tus crestas lunares
en estos días en que las sierpes europeas
obtienen placer si calla nuestro canto!

...O quedaremos varados en tu lecho de silencio,
para terminar abrazados a tu total desnudez,
sin saber si honra, haber tenido que esperar tanto.

(*).- **II.** Silenciadas mareas mediterráneas: movilización
silenciosa, yacente y cautiva...
(Colección antológica de la 'XX Cita de Poesía Alemana-
Latinoamericana-Ibérica', Berlín-2016).

Sedimente des "Mare Nostrum"... (*)

Stille der Gezeiten ohne Kehlen,
Stille, nicht unbewusst
wie ein Unwetter, das widerspräche
einer Verneinung meines Wortes,
einem Verfall meiner Wut;
oder einer Welt, in der ich schon
ein Verschwundener mehr wäre...,
jener tote Schwarzafrikaner.

Wechselhaftes Meer, „Unser Meer"
und vielfacher Fluss deiner Schaumkronen;
feste Schläfen dein Lied des Salzes!...
Weite Mutter des starren Minerals,
das du heute bis an deine Strände trägst,
Reste von meinem Hass;
oder was Erzählung bleibt, von allem.

Zweifel entwirren, ist die große Herausforderung.
Andernfalls: Tötet uns! ...

Tötet uns, die Besitzer des Denkens!...
Die wir große Bündel des ersten Lichts vereinen,
die Nächte verkürzen
und frühe Morgenstunden durchwehen,
um das Morgen für unsere Kinder zu ernähren;
und wir lieben uns..., nach der Erschöpfung!...

Es werden unsere Enkel sein, die „Frühlinge" eröffnen;
und Niedertracht kennenlernen...

Aber sie werden keine Wunden mehr lecken,
weder unter Scham leiden...
noch werden sie ihren Rücken bedecken
mit dem verheerenden Umhang eurer „Gabe".

[119]

Man hätte nicht die „Taube" töten dürfen
auf dieser Unheil verkündenden Welt;
weder das Elend der Aussaat feiern,
noch die bewundern, welche sich schmücken;
auch, hätte man den Wolf nicht schmähen sollen,
in dieser Welt,
die so sehr preist die Handlung des Affen.

Oh, Meer, vielfache und ursprüngliche Gezeiten,
dein Puls die Uhr unseres Erwachens!...

Mein Geschlecht singt,
packt mit Zähnen, den, der dich nicht preist!
So ist es mit dir, mein „einziges Ich", das dich nennt:

Meer, Meer bevölkert von Gips und Phosphaten,
von ertrunkenen Freiheiten; von Liedern
mit dem Schrei, der an deinen Ufern zerschellte,
den nur seltenen Stimmen der Sirenen!

...Zerbrich diese Stille an meiner Seite,
und erhebe deine Wellenkämme aus Mondlicht
an diesen Tagen, an denen europäische Riesenschlangen
genießen,
wenn unser Gesang erstirbt!

...Oder wir werden auf deinem Bett der Stille stranden,
um, deine völlige Nacktheit umarmend, zu enden,
ohne zu wissen, ob es ehrt, so lange gewartet haben zu
müssen.

(*).- II. Zum Schweigen gebrachte Gezeiten des Mittelmeers:
stille, darliegende und gefangene Mobilisierung...
(Antologie der „XX Cita de Poesía Alemana-Latinoamericana-
Ibérica", Berlin-2016)

Antonio Arroyo Silva

I.

No sé qué pasa en el paisaje
del poema, se pone triste y llora,
se desorienta al punto y casi es pájaro.

No son más que tres piedras en su espacio.
Y, sin embargo, el hondo crepitar
sobre las aguas prende los incendios
de un árbol desbocado. La casa,
los ecos familiares: de repente
ahí están como siempre blandiendo
los haces de la luz del mediodía.

Y sobre todo, tú, que esperas
la rosa cotidiana. Pero no sé qué le pasa
al paisaje del poema
que ahora todo es flor o precipicio.

II.

Tú eres tú y mis circunstancias,
más no entiendo el sabor

de la fría mandrágora.

Y mira que te entiendo: si tú eres yo
y yo tus circunstancias...
Pero es que ya no hablo
la lengua de los crótalos
ni el breve tintineo
antes de la mordida.

Nosotros somos uno y es imposible
ese pacto civil del desgobierno propio.

Der Dichter und sein Gedicht –
Blume oder Abgrund[5]

I.

Ich weiß nicht, was in der Landschaft des Gedichtes
geschieht, es wird traurig und weint,
verliert die Richtung will als Vogel fliegen.

Nur drei Steine versperren ihm den Weg.
Jedoch tiefes Knistern über dem Wasser
entfacht Brände, wie ein vom Blitz
getroffener Baum.
Das Haus, vertraute Laute: plötzlich sind sie da,
wie immer
und schwingen die Lichtbündel der Mittagszeit.

Und vor allem du, der die tägliche Rose erwartet.
Doch ich weiß nicht,
was der Landschaft des Gedichtes geschieht,
das jetzt alles ist: Blume oder Abgrund.

---

[5] Neu übersetzt: Barbara Krüger-Quevedo
nachgedichtet: Jürgen Polinske

II.

Du bist du und meine Umstände,

doch ich verstehe nicht den Geschmack

der kalten Alraune.

Und schau, ich verstehe dich: wenn **Du** ich bist
und ich deine Umstände...
Aber es ist so, ich spreche nicht mehr
die Sprache der Schlange
auch nicht das kurze Klappern
vor dem Biss.

Wir sind eins und unfassbar ist
dieser zivile Bund des eigenen Chaos.

(Aus dem Buch: *Meine intimen Feindschaften,* 2014)

EL INFINITO.

(Del libro: *Poemas de amor y desmemoria*, 2013)

"Así a través de esta
inmensidad se anega el pensamiento mío;
y naufragar en este mar me es dulce".
"El infinito" G. Leopardi.

...Y, porque el infinito tiembla, es mejor
esperarlo al calor del hogar.
Ver cómo se deshace en llamas su madera
y cómo una dulzura dejaría el espacio
del abandono en simples cenizas. No se acaba
lo que nunca empezó: el infinito tiembla,
sí, tiembla por tu cuerpo, por el sudor antiguo
de tus manos ajadas, por el silencio impuro
e inquebrantable de una herida
que tienes y no tienes mientras callas o ríes.
Ver las crepitaciones, las ascuas rebotar
como viejas palabras que un día se incendiaron
en ráfagas de sombra y ahora son el eco
de los amaneceres apagándose en ti.
Mas no temas: no acaba lo que nunca
ha empezado: mañana es el momento
de temblar.

DIE UNENDLICHKEIT

(Aus dem Buch: *Gedichte von Liebe und Vergessen*, 2013)

*„So wird durch diese
Unermesslichkeit mein Denken überschwemmt;
und in diesem Meer unterzugehen ist Süße für mich".*
„Die Unendlichkeit" G. Leopardi.

... Und, weil die Unendlichkeit zittert, ist es besser
sie in heimischer Wärme zu erwarten.
Sehen wie ihr Holz in Flammen aufgeht
und wie eine Süße den Raum der Verlassenheit
in einfacher Asche zurück läßt. Es hört nicht auf
was niemals begann: die Unendlichkeit zittert,
ja, sie zittert wegen deines Körpers, wegen alten
Schweißes deiner verbrauchten Hände,
der Stille wegen,
unrein und unerschütterlich, von einer Wunde
die deine und doch nicht dein,
während du schweigst oder lachst.
Das Knistern sehen, das Auflodern der Glut
wie alte Worte, die sich eines Tages entzündeten
in Schattenblitzen und nun im Echo
des Morgengrauens in dir erlöschen.
Fürchte dich nicht: es hört nicht auf was niemals
begann: Morgen ist der Moment
zu zittern.

Antonio Ruiz Pascual

A SUSANA CHÁVEZ (1)

20 uñas rotas, Susana,
y aún respiras entregada a los ciclones,
una mano amputada brillando
ante las bestias
y aún respiras más viva ante la muerte;
no pudieron violar tu piel,
tus versos, poeta,
ante los resplandores rostros
de la furia;
es tu palabra un filo en el horizonte,
una herida de rebeldía,
un hemisferio
que le arranca velos a la niebla;
no te lloraremos
ni en la tempestad ni en la calma
porque estamos contigo
esperando el día en Juárez,
donde calienta el sol para el mundo
contigo, donde no hay pésames tristes,
dueña de la sangre y las cenizas;
dejaremos a los perros
ladrando a tus asesinos,
mujer infinita,
que arrancas el daño a la ternura;
señora de océanos
mecidos de espaldas al olvido,
porque estás viva para siempre,
donde hemos vencido el miedo
rompiendo el silencio como pueblo,
marcando los acentos,
susurrando verbos;

los gestos, donde los relojes
dejaron de ser tiempo
entre el aliento y la certeza,
amaneces luchando,
doblando las esquinas de las calles,
pieza indomable,
héroe que danzas en las columnas;
siempre estarás implacable
en cada espacio conquistado,
nosotros estaremos contigo
despertando los rostros en la arena,
levantando a los muertos
de sus mantras sagrados,
más allá del odio y la venganza.

(1).- Poema dedicado a Susana Chávez, por saber que la poesía es un arma combativa, que puede con la sangre, el polvo y el tiempo, porque siempre será la heroína eterna, que a través de las estrofas le hizo un pulso a la violencia y la ganó, porque su razón precederá a través de los tiempos.

A ciegas la larga vela
y unos ojos se abren para siempre
hablo del corazón frente a la muerte
Susana Chávez.

FÜR SUSANA CHAVEZ (1)

Deine Nägel, Susana, an Händen und Füßen gebrochen
und noch immer atmest du, den Wirbelstürmen
hingegeben,
eine leuchtende, amputierte Hand
gegen die Bestien
und noch immer atmest du, lebendig im Angesicht des
Todes
sie konnten deine Haut nicht missbrauchen,
deine Verse, Dichterin,
von den glänzenden Gesichtern
der Wut;
dein Wort ist eine Linie am Horizont,
eine Wunde der Rebellion,
eine Hemisphäre
die Nebel entschleiert;
wir werden nicht um dich weinen
weder im Sturm noch in der Ruhe
denn wir sind bei dir
warten auf den Tag in Juárez,
an dem die Sonne die Welt wärmt
mit dir, wo es keine traurigen Beileidsbekundungen gibt,
Besitzerin des Bluts und der Asche;
wir werden die Hunde
deine Mörder verbellen lassen,
ewige Frau,
die du der Zärtlichkeit den Schaden entreißt;
Frau der Ozeane,
die sich mit dem Rücken zum Vergessen wiegen,
denn du bist für immer am Leben,
wo wir die Angst besiegt haben
indem wir als Volk die Stille zerbrechen,

Akzente betonen,
Verben murmeln;
die Gesten, wo die Uhren
aufgehört haben Zeit zu sein
zwischen dem Atem und der Sicherheit,
wachst du kämpfend auf,
biegst um die Straßenecken,
unbezwingbar,
Heldin, die du in den Spalten tanzt;
du wirst immer unerbittlich
in jedem eroberten Raum zu finden sein
und wir werden bei dir sein
die Gesichter im Sand aufwecken
die Toten aufheben
aus ihren blutigen Mantras,
jenseits von Hass und Rache.

(1).- Dieses Gedicht ist Susana Chávez gewidmet, denn sie weiß , dass die Poesie eine Waffe im Kampf ist, die gegen Blut, Staub und Zeit gewinnen kann, da sie immer die ewige Heldin sein wird, die durch Strophen die Gewalt geschlagen hat, denn ihr Verstand wird über alle Zeiten hinweg andauern.

Blind die lange Wache und Augen, die sich für immer öffnen
ich spreche aus dem Herzen im Angesicht des Todes
Susana Chávez.

Hartmut Sörgel[6]

Maler Dichter   Sprachwissenschaftler   oder
Wissenschaftler   Dichter   Maler
Er war stets alles in einem in seinem erfüllten, wenn
auch zu kurzem Leben.
Begonnendes war nicht mehr zu vollenden, Ideen
konnten nicht mehr reifen.
Doch er hinterlässt unübersehbare Spuren:

Der **MELOPOEFANT**   seine und Josés Erfindung.
Die beiden Freunde seit 1982 , seit ihrem Studium in
Berlin. **(Dazu mag José vielleicht
noch etwas Persönliches sagen)**
Das multikulturelle Projekt „**Cita de la Poesia**"   ihr
Kind, dessen Wachstum in vielfältigen Anthologien,
eigenen Gedichtbänden, Graphiken und Bildern zu
verfolgen ist, oder als wissenschaftliche Beiträge in
Artikeln der internationalen Presse nachgelesen werden
können.
Über 80 Einzelausstellungen hatten seine Werke in aller
Welt: in Argentinien, mehreren Städten in den USA,
Peru, Indien, Japan und in Europa natürlich auch.
José und Hartmut - zwei Brüder im Geiste. Gemeinsame
Auftritte
(Performance heißt das heute), gemeinsame Reisen,
Ausstellungen, und vielfältige gemeinsame familiäre
Ereignisse und Erlebnisse.
Gemeinsamkeiten in Worten und Bildern, im Klingen
und in Farben, in Denken und Fühlen. Ihrer beide Poesie
war und ist eine visuelle.

---

[6] Worte zur Vernisage ihm zu Ehren in der Bürgerinitiative
Hohenschönhausen

Wer nicht wußte was visuelle Poesie ist, konnte es bei
Hartmuts Arbeitsweise höchstselbst erfahren. Nicht
selten schließen Zuhörer bei Lyrikvorträgen die Augen,
um Texte besser auf sich wirken zu lassen. Auch
Hartmut tat das. Dabei hatte er zur gleichen Zeit eine
Anzahl farbiger Stifte zur Hand und stets einen Bogen
Papier vor sich. Während der normale Hörer versuchte
Sinn und Hintergrund der Worte zu ergründen, klopfte
Hartmut die Texte auf Rhythmik und Melodien ab,
schmeckte im tiefsten Sinne des Wortes Farben heraus.
Mit fast geschlossenen Augen folgten die Stifte in seinen
Händen wie Noten den Texten. Er setzte alles in Bilder,
in Graphiken um. Einen besonderen Reiz übten
natürlich fremdsprachliche Texte aus, da ihn deren
Inhalte weniger interessierten als Melodie und
Rhythmus der Sprache.
Das war ihm das wichtigere bei Poesie: auch das
gesprochene Wort sollte man sehen können - visuelle
Poesie.

All die Daten, Zahlen und Fakten zu und über sein Leben
erwähne ich nicht.
Die mag sich jeder selbst aus dem Internet
herunterladen oder aus den vielen Publikationen
herauslesen. Ich möchte nur noch einmal darauf
verweisen, Hartmut war ein sehr Leiser, sehr
Einfühlsamer, mit allen Fasern liebender Mensch. Mit
seinen Werken in Wort und Bild hat er uns reich
beschenkt.
Das danken wir ihm.
Diese Ausstellung zu seinen Ehren, zu seinem Gedenken
ist eine Form. Die andere ist: was Zeitgenossen in
Worten zu ihm zu sagen haben.
Ein Beispiel: **Maria Gutierez (genannt: die Puri)**
aus Teneriffa in einem Gedicht:

Zum Gedenken an Hartmut Sörgel[7]

Hartmut
in meinem Flur hängt ein Bild von dir
mit deinem Namen
Farben und Linien
in vielerlei Formen

Ein Frühlingsmorgen voller Sonne
Blumen, nektarsammelnde Bienen
Verse, handgeschrieben
flattern diskret, wie du
Sie suchen das Licht, malen
Blütenkronen und Vögel
Buchstabentreppen
einen Baum, der in die Höhe ragt
und gelbe Schmetterlinge küsst

Angedeutet
die Blütenblätter in kräftigem Rot
wollen immer lieben
fliegen

Schaut selbst, ob ihr das von mir Empfundene in den
Bildern dieser Ausstellung wiederfindet.
Danke für die Aufmerksamkeit. Für die Hungrigen gibt
es etwas am Büffet, für die nur kulturell Hungirgen gibt
es jetzt eine Pause bis zum Beginn der Lesung im
Rahmen der XX. Cita de la Poesia. Und für weniger
Eilige gibt es in den nächsten Tagen ausreichend
Gelegenheiten alles in Ruhe zu genießen.

Danke!

---

[7] Übersetzt aus dem spanischen von Barbara Krüger-Quevedo

Maria Gutierez (Puri)

Zum Gedenken an Elisabeth Hackel[8]

Wir sagen, was gesagt werden muss
in dieser Zeit
in der du nicht mehr bist
um DU zu sagen
um weiter zu sprechen mit dir

Verse lesen wie Granatäpfel
rund und fleischig
in menschlicher Haut
Verse schreiben frei von Furcht und Blei
mit der Kraft deiner Hand
deiner Stimme
die Luft und Stille sucht
des friedlichen Brotes

Die Feindseligkeiten und die Schuld
übewunden durch dich werden wir sagen
jetzt wo der Fluß still hinabfließt
und die Glocken und das Pfeifen verstummen
werden wir sagen durch dich, Elisabeth

---

[8] Übersetzt von Barbara Krüger-Quevedo

Drago

Para Alonso C. Hernández Perera

Alza tus alas la brisa entre las *Encendidas*
valle abajo riscos

clavar garras
de sangre en tierra ardiente
encarnada cebolla
piel de *cabozo* el tronco almagre

rizada la flor estrella
racimo bermejo anuncia cintas verdes
de trenza raiz

eterna llama dragón
del Atlántico.

Drachenbaum⁹

Für Alonso Celso Hdez. Perera

Breite deine Fügel Brise in der Abendsonne aus
über glühenden Bergen ins Tal hinein vorbei an steilen
Felsen

Mit blutroten Krallen, die Samen des Drachenbaums
graben sich in die Erde
rote Zwiebeln leuchten
rötlich auch die raue Haut des Caboso¹⁰

Sternengleich gekräuselte Blüten
Scharlachrot zwischen grünen Bändern der Blätter
Zöpfe geflochten aus Wurzeln

ewige Flamme
Drachen des Atlantiks

---

⁹ Übesetzt von Barbara Krüger-Quevedo
¹⁰ Fisch der Kanaren

Die Gedichte der „Poeten vom Müggelsee"
Dagmar Neidigk und Jürgen Molzen
gelesen zur Auftaktveranstaltung
der XX. Cita de la Poesia[11]

Poemas de los poetas del lago Müggelsee
Dagmar Neidigk y Jürgen Molzen
para la apertura de la XX. Cita de la Poesía

Arbeit an Texten während des Seminars
im Jacob-Wilhelm-Grimm-Zentrum

---

[11] Übersetzt ins spanische: Sophie Buss

Dagmar Neidigk

Bölsche 102

Eine Straße. Eine Nummer.
Verzeih!
Was ist schon dabei:
Bölsche 102?!

Eine Kindheit. Eine Jugend.
Eine Liebe.
Sie brach entzwei.
Bölsche 102.

Ein Zaun. Ein Garten.
Ein Hahnenkamm.
Frohes Kindergeschrei.
Bölsche 102.

Eine Milchkanne. Mutters Hände.
Kuchenränder
Aus der Feinbäckerei.
Bölsche 102.

Eine Wiener Schale. Glück pur.
Lindenduft
Von Sorgen frei.
Bölsche 102.

Aus und vorbei!
Die schönste Zeit hieß:
Bölsche 102!

Bölsche 102

Una calle. Un número.
¡Disculpa!
¿Qué tiene que ver?
¿Bölsche 102?!

Una infancia. Una juventud.
Un amor.
Se quebró.
Bölsche 102.

Una cerca. Un jardín.
Una cresta del gallo.
Gritos felices de niños.
Bölsche 102.

Una jarra de leche. Manos de madre.
Repulgos
de la pastelería.
Bölsche 102.

Un helado. Felicidad pura.
Olor a tilo.
Sin preocupaciones.
Bösche 102!

Jürgen Molzen

ES SIND DIE LEISEN TÖNE, DIE ICH LIEBE

Es sind die leisen Töne, die ich liebe.
Ein sanftes Wort vielleicht. Ein Flüsterton.
Ein zartes „Du", bei dem ich gerne bliebe.
Und wenn ich gehen muss, Dein „Schon?"

Es sind die leisen Töne, die ich liebe.
Und ein Gedicht, das ich kaum hörbar schriebe.
Es sind die leisen Töne, die ich liebe.

Das leise Ticken einer Pendeluhr.
Ei Wort nur: „Bleib", bei dem ich bei Dir bliebe,
und auch Dein Schweigen. – Doch das nicht nur.

Son los tonos suaves, que yo amo...

Son los tonos suaves, que yo amo.
Una palabra dulce tal vez. Una voz baja.
Un tierno "tú", con el que me gustaría quedarme.
Y cuando tengo que irme, tu "¿Ya?".

Son los tonos suaves, que yo amo.
Y un poema que yo escribí casi inaudible.
Son los tonos suaves, que yo amo.

El tictac de un reloj de péndulo.
Solamente una palabra: "Quédate", con el que me
quedaría contigo,
Y también tu silencio. – Pero no solamente eso.

María Nancy Sánchez Pérez

MAGIA SALVAJE

La peor venganza,
es borrarnos de nuestro sabor a tierra.
destruirnos como meteoros en fuga del aire.

Matar la memoria,
queriendo olvidar lo imposible,
es huir en la nave de las estrellas misteriosas,
que brillan impertinentes por los besos ausentes.

Para qué buscar la luz del ocaso?
si la verdad venenosa,
lega con la magia salvaje,
de falsos presentimientos?

Ay... cenizas de amores despilfarrados.
!Rojas espinas de fuego con huellas de piel amada!
nos apagan quemando el ardor de la vida.

Wilde Magie[12]

Die schlechteste Rache,
den Geschmack von Erde auszuradieren,
uns vernichten, wie Meteore die Flucht in die Kunst.

Erinnerung zu töten,
vergessen zu wollen, unmöglich.
Sie flieht auf einem Schiff geheimnisvoller Sterne,
die unverschämt flimmern für fehlende Küsse.

Warum suchen wir den Sonnenuntergang?
Ja, die giftige Wahrheit
kommt mit der wilden Magie von Ahnungen.

Ach ... die Eschen der Liebenden vergeudet
an rote Feuerdornen mit Spuren auf liebender Haut.
Wir gehen, brennender Eifer des Lebens

---

[12] Übersetzt und nachgedichtet: Jürgen Polinske

A GARCIA LORCA

Felizmente te conocí **Federico**
cuando a penas era polen de Girasoles
del jardin de mi Madre.

Tu encendiste en mí,
la antorcha de justicia y pasión,
para retratar con evidencia al ser amado,
Y gritar por las arrugas innecesarias del Mundo.

Tus versos inmortales,
salpicados de sangre, de tu alma delirante y adolorida,
adormecen todavía a los buitres que envenenan el
Universo.

Así te conocí **Federico**, en los rojos ponientes,
cuando desvestíamos a los Santos del Socavón,
para prestarnos sus elegantes trajes de terciopelo.

Y poder escenificar tu obra mágica "YERMA".
médula femenina de lenguas de fuego,
mujeres que tiemblan por ser poseídas en vida.

Ellas cuestionan a las navajas afiladas en celo odioso,
ellas se desgranaban en crepúsculos sedientos de
erotismo.
Rompiendo el tul quejumbroso de la infertilidad.

Desde aquella vez **Federico,**
todos los personajes femeninos de Yerma,
viven en mí gimiendo, ardiendo, sollozando...

Desgarrada por las carnes vergonzosas,
deseando resucitar néctares olvidados,
me prendí del movimiento sensual de las flores,
hasta borrarme en los prejuicios del diablo.
Así **Federico García Lorca,**
Interpreté el personaje difícil y real de tu obra teatral,
la loca del pueblo que miraba bajo el rabo,
o tal vez la cuerda que amaba la libertad.

!Pobre loca incomprendida por los rincones mezquinos.!

Para qué casarse? decía en su texto, la loca criticada,
si se hace lo mismo antes o después?,
para qué tanto prejuicio y condiciones sociales?.

Oh... **Federico inmortal**
de tu victoria semántica y sincera.

Aprendí a comprender lo que siento bajo mi piel.
Aprendí a ubicarme honesta y clara en la humanidad.
Aprendí a regocijarme del silencio de las palabras.
Hasta ser un ramo fresco de poesía.

Berlín 21 Junio 2016

[145]

FÜR GARCIA LORCA[13]

Zum Glück, lernte ich dich kennen, **Federico**,
als ich Pollen von Sonnenblumen
im Garten meiner Mutter war.

Du hast in mir die Fackel
der Gerechtigkeit und Leidenschaft entzündet,
mit sicherer Hand den Geliebten gezeichnet,
mich über unnötige Falten der Welt schreien lassen.

Von deinen unsterblichen Versen,
befleckt mit fieberndem Blut deiner schmerzenden Seele,
erstarren die Geier, die uns das All vergiften.

Ich erkenne dich **Federico**, in der roten Abendsonne,
als wir die Heiligen von Socavón[14] entkleideten,
um uns ihre samtenen Trachten zu borgen,

erkenne, wie ich dein Werk „YERMA" inszenieren kann
den Kern aus weiblichen Feuerzungen,
Frauen, die zittern, vom Leben besessen sind,

die gehässigen Neid geschliffener Messer infrage stellen,
ihr Dämmern und den Durst nach Erotik enthüllen
Tüll wehleidender Unfruchtbarkeit zerreißen.

---

13 Übersetzung: Sophie Buss   Nachgedichtet: Jürgen
Polinske

14 Die Santos del Socavón sind Heilige, welche in Oruro,
Bolivien verehrt werden. Insbesondere die Bergarbeiter
danken ihnen und bitten sie um reiche Mineralvorkommen in
den Minen.

Seither **Federico**,
leben alle Frauen aus „Yerma" in mir,
stöhnend, brennend, schluchzend.

Zerfetztes schamhaftes Fleisch,
im Begehren vergessenen Nektar aufzuerwecken,
entflammte ich mit sinnlich bewegten Blumen,
bis mich Vorurteile des Teufels ereilten

So Federico García Lorca,
habe ich dein schweres und lebendiges Theater
interpretiert.
Die Verrückte des Dorfes, die den Schwanz einzieht,
die Kluge, die Freiheit liebt,

und die arme Verrückte, unverstanden von Allen...!

Wozu heiraten, sagte sie,
macht man nicht Gleiches davor und hernach?
Wozu Vorurteile und soziale Konventionen?

Oh...   **unsterblicher Federico,**
deine Semantik und deine Wahrheit siegen.

Ich erlernte, was mir unter der Haut geschah,
fand meinen Platz unter den Menschen,
lernte, mich an der Stille der Worte zu erfreuen,
bis ich ein Strauß aus frischer Poesie war.

Petra Namyslo

Grabgesang für Federico García Lorca
Nach der "Casida der dunklen Tauben"

Durch die Äste des Lorbeers hindurch
sah ich sein schönes Gesicht,
leuchtend wie die Sonne,
düster wie der Mond.
"Liebster," sagte ich,
"wo ist dein Grab?"
"Im Schwanz der Sonne," sprach er,
"und in der Kehle des Mondes."
Er hatte auf seiner Wanderung
rund um den Erdball
zwei eiserne Adler gesehen
und einen ermordeten Jungen.
Der eine war der andere,
und der Junge war niemand.
"Kleiner Junge," sagte ich,
"wo ist sein Grab?"
"Im Schwanz der Sonne," sprach er,
"in der Kehle des Mondes
und im Grunde der Herzen."
Durch die Äste des Lorbeers hindurch
sah ich zwei schöne Gesichter,
leuchtend wie die Sonne,
düster wie der Mond.
Der eine war der andere,
und die Adler waren niemand.

Casida fúnebre a Federico García Lorca[15]
Parafraseando a la "Casida de las palomas oscuras"

Por las ramas del laurel
vi su cara hermosa,
luminosa como el sol,
oscura como la luna.
"Amante", le dije,
"¿dónde está tu sepultura?"
"En la cola del sol", dijo,
"y en el gañón de la luna."
Y él que había caminado
con la tierra por la cintura
había visto dos águilas de hierro
y un niño assassinado.
La una era la otra
y el niño era ninguno.
"Chiquillo", le dije,
"¿dónde está su sepultura?"
"En la cola del sol", dijo,
"en el gañón de la luna,
y al fondo de los corazones."
Por las ramas del laurel
vi dos caras hermosas,
luminosas como el sol,
oscuras como la luna.
El uno era el otro,
y las águilas eran ningunas.

---

[15] Übersetzt: Petra Namyslo

Jürgen Polinske

*****

Verflucht seien alle
die Menschen auf die Kehle treten
Musikern ihr Instrument zerschlagen
dem Dichter nicht einmal
einen Stein auf seinem Grabe gönnen

Lorca
wie am besten singe ich Dich
Das hohe Licht über Wälder und Wiesen
die Melodien von Wellen und Wind
die Wunder in Mädchenaugen

Münzen klingen an Stirnband und Mieder
Hüftschwünge fesseln die Augen
Unvergleichlich die Freude beim Tanz
Ich erzähle weiter was Du gesungen
Lorca

Eine Melange Schwarzsilber Dein Haar
das Rot der Lippen der Hauch auf Wangen und Tuch
scharf die Grenze zum Grün der Küste
Wie singt man sterbende Gitarren
Lorca

Lorca
Du musst Deinen Stein bekommen
unter dem Blau des spanischen Himmels
auf der warmen Krume Andalusiens
Lieder sollen Dein Grab schmücken

Singen soll Dein Stein
und damit alle verfluchen
die in Gesichter und auf Hände treten,
und Menschen auf der Gurgel stehn

El Cento de Lorca[16]

Un dedo de la parra
y un rayo de sol,
señalan hacia el sitio
de mi corazón

Sólo tu corazón caliente,
 y nada más.
Un reposo claro
 y alli nuestros besos,

El Tiempo
Tiene color de noche
De una noche quieta.
Sobre lunas enormes,
la Eternidad
esta fija en las doce.

Los dos rios de Granada
bajan de la nieve al trigo.
Los dos rios de Granada
uno llanto y otro sangre.
Lleva azahar, lleva olivas,
Andalucia, a tus mares.

Oh ciudad de los gitanos!
Quien te vio y no te recuerda?
Ciudad de dolor y almizcle
- Compadre! Dónde está, dime,-
dónde está tu niña amarga?
- Cuántas veces te espero!-

---

[16] Zusammengestellt: Jürgen Polinske
[152]

Cuántas veces te esperará,
cara fresca, negro pelo,
en esta verde baranda!
verde carne, pelo verde,
con ojos de fria plata.
Verde que te quiero verde.
Bajo la luna gitana,

Pasan caballos negros
Y gente siniestra
por los hondos caminos
de la guitarra.
Las gentes van suspirando
con las guitarras abiertas.

La muerte
entra y sale
de la taberna.

Jaca negra, luna grande,
y aceitunas en mi alforja.
Aunque sepa los caminos
Yo nunca llegaré a Cordoba.

Y hay un olor a sal
y a sangre de hembra,
en los nardos febriles
de la marina.

O Gitarre!
Von fünf Degen
tödlich getroffenes Herz.

Cuando yo me muera
enterradme con mi guitarra
bajo la arena.

La higuera frota su viento
con la lija de sus ras,
y el monte, gato garduno,
eriza sus pitas agrias.
Mil panderos de cristal
herian la madrugada.

El canto quiere ser luz.
Entre los juncos y la baja-tarde,
qué raro que me llame Federico

Das Lorca – Cento

Der Finger eines Weinstocks
und ein Sonnenstrahl
deuten auf die Stelle
wo mein Herz sitzt.

Nur dein heißes Herz
sonst nichts.

Eine klare Ruhe
und darin unsere Küsse,

Die Zeit
hat die Farbe der Nacht.
Einer ruhigen Nacht.
Über ungeheuren Monden
steht die Ewigkeit
stets auf zwölf.

Die zwei Flüsse von Granada
stürzen sich vom Schnee zum Weizen.
Die zwei Flüsse von Granada
einer Klage nur, der andere Blut.
Das Wasser, Andalusien, trägt
Oliven und Orangenblüten deinen Meeren zu.

Stadt, o du Zigeunerstadt!
Wie kann man dich je vergessen?
Stadt, ganz voller Schmerz und Moschus

- Nachbar, sage mir, wo ist,
wo ist deine bittere Tochter?
O, wie hat sie oft gewartet,
oft gewartet hier auf dich,
frisch das Antlitz, schwarz die Haare,
Hier – am grünen Aussichtspunkt!
Grüne Haut und grünes Haar.
Augen aus gefrornem Silber.
Grün, wie ich dich liebe, Grün.
Unter dem Zigeunermond

Schwarze Pferde,
düstre Leute
ziehen über tiefverborgne
Wege der Gitarre.
Seufzend gehen Leute umher
mit offenen Gitarren.

Ein und aus
geht der Tod
in der Taverne.

Schwarzes Pferd, riesiger Mond
und als Mundvorrat Oliven.
Obwohl ich genau die Wege kenne,
erreiche ich Cordoba nie.

Und am Meer
beim fiebrigen Baldrian
der Geruch von Salz
und Frauenblut.

O Gitarre!
Von fünf Degen
tödlich getroffenes Herz.

Wenn ich einmal sterben muß,
begrabt mich mit der Gitarre
im Sand.

Mit dem Schmirgel seiner Zweige
reibt der Feigenbaum den Wind,
und der Berg, ganz Marderkater,
zeigt seine Agavenkrallen.
Tausend Tamburine aus Glas,
die die Dämmerung verwunden.

Das Lied will Licht sein.
Wie seltsam, dass ich zwischen Binsen
und Dämmerlicht noch Federico heiße.

Obdolón García[17]

Colombia, vive su exilio en Berlín

Bestiario actual

 Englobalizador y manipulador del invento virtual fue
Collin Power,
USA-general que hizo crear las falsas imágenes de
guerra,
para el acto intervencionista de los EE.UU. en el Iraq,
pero Kissinger, acaso, fue el más astuto de todos:
El fue el primero en definir la geopolítica euroamericana,
y apoyó a gorilas y hienas con gorras de generales
en toda la América Latina.
Pero la pulga rubia de Tramp,
 supera las hazañas inventivas de los dos,
cuando en una nube apestosa de 60 misiles
bombardea los suelos de Siria.

En la retrospectiva de un televisor hablan tres hienas,
y muestran sus colmillos como cohetes de la muerte:
un sádico francés que goza con cerros de cadáveres,
un ortodoxo barbudo que hace crecer alambradas
y guetos en Palestina,
y la famosa Angelina que impone la voluntad de Euro en
Europa.

"En orden y en gloria lo hecho por Tramp en Siria",
dicen los tres corifeos.
!Amén!, repiten las prostitutas.

---

[17] Aktuellster Nachtrag vom 7.4.2017

Inhaltsverzeichnis

Seite

Dulcinea lebt, Herr Quijote

Was wir zu sagen haben –
Lo que tenemos que decir (Teil 2)

Illustrationen